Christine Engelmann · Christian Schädlich

Die Bauhausbauten in Dessau

Edition BAUHAUS DESSAU

Verlag für Bauwesen · Berlin

Vorderes Vorsatzbild:
Bauhausgebäude kurz vor der Fertig-
stellung.
Ansicht von Südosten

Hinteres Vorsatzbild:
Bauhausgebäude nach der Fertigstellung
im Jahre 1926

ISBN 3-345-00409-7

© Verlag für Bauwesen GmbH 1991
1086 Berlin, Französische Straße 13/14
1. Auflage
VLN 152
Printed in Germany
Satz und Druck:
Interdruck Leipzig GmbH
Lektoren:
Barbara Roesler · Ingrid Stahl
Gestaltung:
Günter Knobloch

Inhalt

7 Vorwort

9 Bauhausgebäude
31 Häuser für die Bauhausmeister
49 Siedlung Dessau-Törten
65 Gebäude des Konsumvereins
69 Stahlhaus
81 Wohnhaus Fieger
87 Laubenganghäuser
97 Arbeitsamt
105 Gaststätte Kornhaus

111 Die Bauhausbauten als Beitrag zu
einer neuen Architektur

117 Ausgewählte Literatur
120 Abbildungsnachweis

WALTER GROPIUS

HANNES MEYER

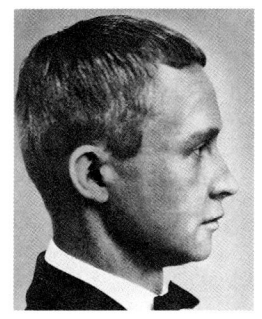

GEORG MUCHE

RICHARD PAULICK

CARL FIEGER

Vorwort

Das Bauhaus, diese wegen ihrer bahnbrechenden Kunstpädagogik heute weithin bekannte Bildungsstätte der zwanziger Jahre, hat in Dessau eine Reihe baulicher Sachzeugen hinterlassen. Jene Bauten sind Ergebnis und Ausdruck der architektonischen Auffassungen dieser Kunstschule, zugleich aber auch beachtenswerter Beitrag zu einer neuen Architektur, wie sie damals die Architekten des Neuen Bauens erstrebten. Die Umstände ihres Entstehens und die damit verbundene künstlerische Programmatik heben diese Bauwerke über eine bloße lokale Bedeutung hinaus. So nimmt es nicht wunder, daß sie auch heute noch breite Aufmerksamkeit in der Fachwelt wie in der Öffentlichkeit finden und immer wieder Ziel von Bildungsreisen sind.

Der herausragende Bau ist das von Walter Gropius als Direktor der Schule entworfene Bauhausgebäude. Ebenfalls nach seinem Entwurf wurden die Häuser der Bauhausmeister, die Siedlung Dessau-Törten und das Arbeitsamt errichtet. Gropius hat die von ihm entworfenen Bauten 1930 in einem Buch publiziert. Es trägt den Titel »Bauhausbauten Dessau«. Doch gibt es in der Stadt weitere architektonische Leistungen, die unter diesem Dachbegriff eingeordnet werden können. In Dessau-Törten schuf die von Hannes Meyer geleitete Bauabteilung des Bauhauses fünf Laubenganghäuser mit Volkswohnungen, am gleichen Ort verwirklichten der Bauhausmeister Georg Muche und der junge Architekt Richard Paulick ihre Idee eines Stahlhauses und hier baute sich Carl Fieger, der langjährige Mitarbeiter im Baubüro Gropius und Lehrer in der Bauabteilung, sein eigenes Wohnhaus. Nach Fiegers Entwurf wurde auch die an der Elbe gelegene Gaststätte Kornhaus errichtet.

Anliegen dieses Buches ist eine ausführliche Dokumentation der Dessauer Bauhausbauten in Wort und Bild. Die Texte zu den einzelnen Objekten gehen jeweils auf die Planungs-, Bau- und Nutzungsgeschichte in ihrem sozialen Bezug ein, beschreiben die architektonische Lösung und werten sie im Kontext der Bauhausarbeit und der Geschichte der modernen Architektur. Durch ein breites Quellenstudium konnte neues Material zutage gefördert werden, woraus sich gegenüber bereits vorhandener Literatur einige neue Akzente in der Darstellung und Einschätzung der von den Bauhausarchitekten in Dessau erbrachten Leistungen ergaben. Über die Erhellung baugeschichtlicher Tatbestände hinaus soll damit das Verständnis für die Denkmalwerte der Bauhausbauten gefördert werden.

Die Arbeit entstand im Rahmen der an der Hochschule für Architektur und Bauwesen Weimar betriebenen Forschungen zur Geschichte des Bauhauses. Unmittelbar zugrunde liegen ihr Teile der von Christine Engelmann (Kutschke) verfaßten Dissertation über die Bauhausbauten im Dessauer Zeitabschnitt der Schule. Unsere Arbeit fand vielfältige Unterstützung und Förderung. Wir danken der Leiterin des Stadtarchives Dessau, Dr. Ulla Jablonowski, dem Direktor des Bauhauses Dessau, Prof. Dr. sc. Rolf Kuhn und dem Bauhaus-Archiv Museum für Gestaltung Berlin. Unser Dank gilt ferner Prof. Dr. sc. Bernd Grönwald, Weimar, Dr. Karl-Heinz Hüter, Berlin, seinem Direktor Dr. Peter Hahn und Dr. Magdalena Droste, Dr. Wolfgang Paul, Dessau und Prof. Konrad Püschel, Weimar, für wertvolle Hinweise und fördernde Kritik. Dankbar schließlich erinnern wir uns der aufschlußreichen Gespräche mit Dora Fieger, Dr. Hans Harksen, Prof. Dr. Georg Muche und Prof. Richard Paulick, die wir noch zu ihren Lebzeiten führen konnten.

Christine Engelmann
Christian Schädlich

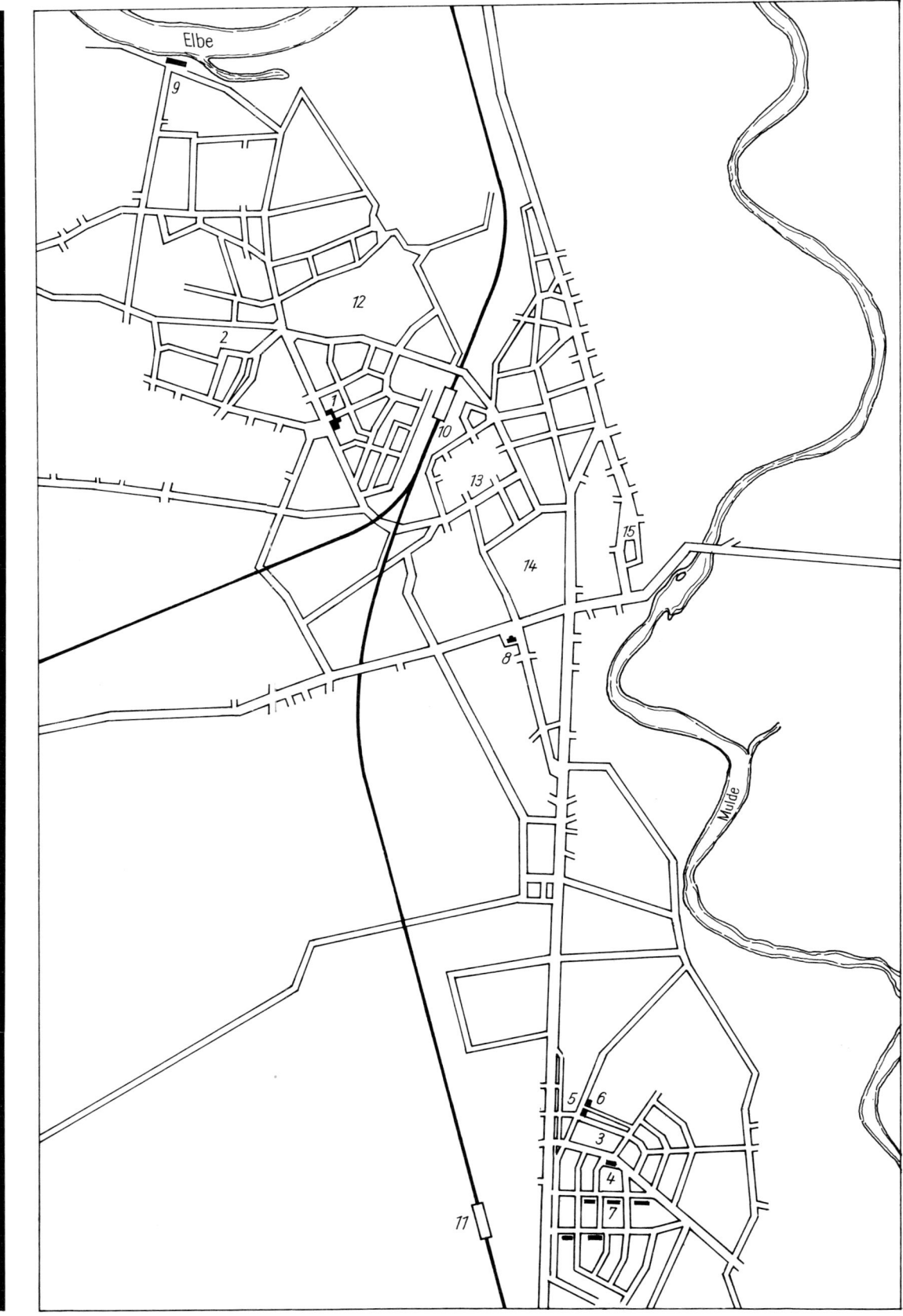

Bauhaus-Denkmale
1 Bauhausgebäude
2 Häuser für die
   Bauhausmeister
3 Siedlung
   Dessau-Törten
4 Gebäude des
   Konsumvereins
5 Stahlhaus
6 Haus Fieger
7 Laubenganghäuser
8 Arbeitsamt
9 Kornhaus
Orientierungspunkte
10 Hauptbahnhof
   Dessau
11 Bahnhof
   Dessau-Süd
12 Georgium
13 Landestheater
14 Stadtpark
15 Rathaus

8

Bauhausgebäude

Bauzeit: 1925–1926
Auftraggeber: Stadt Dessau
Entwurf: Walter Gropius

»Das Bauhaus ist zum Bauen da! Es sieht seine vornehmste Aufgabe darin, alle seine Kräfte dem Bauen dienstbar zu machen. Es ist ein glücklicher Auftakt, daß das Bauhaus sich sein eigenes Gehäuse bauen darf! Erst im September haben wir zu bauen begonnen; heute nach sechs Wintermonaten, am Frühlingsanfang, wurde der Richtkranz unter diesen strahlenden Himmel gestellt! Nehmen wir den blauen Himmel als gutes Zeichen für das, was sich einst unter diesen Dächern abspielen soll und dafür, daß sich die Vollendung des Baues glücklich und schnell vollziehen möge!«[1]

Diese Worte stehen in Gropius' Redemanuskript zum Richtfest für das Bauhausgebäude am 21. März 1926. In der Tat: Was konnte einer Hochschule für Gestaltung besseres widerfahren, als sich selbst mit einem Neubau die denkbar günstigsten Arbeitsbedingungen zu schaffen und durch ihn zugleich ein weithin leuchtendes Zeichen ihres künstlerischen Wollens zu setzen? »Glücklicher Auftakt«, das meinte nicht Neubeginn der pädagogischen und künstlerischen Arbeit, sondern Eintritt in eine zweite, die Dessauer Etappe. Und sie stand — im historischen Rückblick betrachtet — durchaus unter dem guten Zeichen des »strahlenden Himmels«.

Das neue Schulgebäude trug wesentlich dazu bei, daß sich die im Bauhauskonzept enthaltenen humanistischen Ziele der Pädagogik und der künstlerischen Tätigkeit voll entfalten konnten. Doch schon nach wenigen Jahren kündigte sich die faschistische Nacht an, in der die Schule schließlich unterging, viele Bauhäusler zur Emigration gezwungen wurden und —

1 Bauhaus-Archiv
Berlin, Gropius-
Nachlaß 18/35

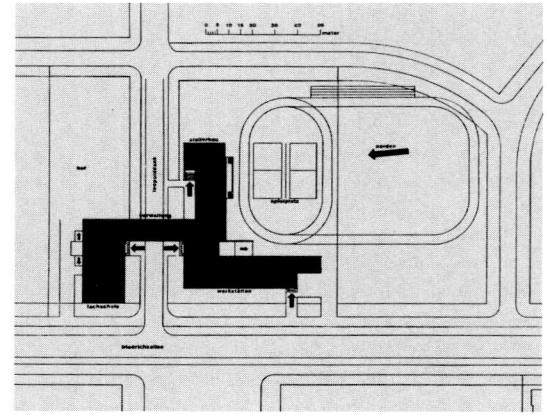

1

am Ende eines mörderischen Zweiten Weltkrieges – auch das Gebäude großen Schaden erlitt.

Das pädagogische Programm des 1919 in Weimar entstandenen Bauhauses zielte auf eine Bildungsstätte, in der alle künstlerischen Disziplinen vereinigt sind und in der die Erziehung zum bildnerischen Gestalten auf der Grundlage handwerklicher Ausbildung erfolgt. Die Lehr- und Versuchswerkstätten, die dafür eingerichtet wurden, ergaben in der Summe ein breit gefächertes Profil künstlerischer Arbeitsgebiete. Neben der Architektur umfaßte es die Gestaltung von Geschirr und Leuchten, von Raumtextilien und Möbeln, aber auch die Wand- und Tafelmalerei, die Typografie und die Werbung, die Fotografie und die Bühnenarbeit.

Was das Bauhaus mit seiner Arbeit bewirken wollte, das beschrieb sein Schöpfer und erster Direktor Walter Gropius 1930 rückschauend so:

»Mit allen Methoden begrifflicher Deutung und synthetischer Erfassung warf sich das Bauhaus darauf, dem Problem der Gestaltung auf den Ursprung zu kommen und die Ergebnisse seiner Erkenntnis mit zäher Energie allen bewußt zu machen, nämlich: daß die künstlerische Gestaltung nicht eine Luxusangelegenheit, sondern Sache des Lebens selbst sein müsse! Daß ferner die *Revolution des künstlerischen Geistes* elementare Erkenntnisse für die neue Gestaltung brachte, wie die *technische Umwälzung* das Werkzeug für ihre Erfüllung! Alle *Anstrengung galt der Durchdringung beider Geistesgruppen*, der Befreiung des schöpferischen Menschen aus seiner Weltabgeschiedenheit durch seine Verbindung mit den heilsamen Realitäten der Werkwelt und gleichzeitig der Auflockerung und Erweiterung des starren, engen, fast nur materiell gerichteten Geistes in der Wirtschaft. Dieser soziale Gedanke der Einheit aller gestalterischen Arbeit in ihrer Beziehung zum Leben selbst – im Gegensatz zur ›l'art pour l'art‹, ebenso wie zu deren gefährlicher Ursache, der ›Wirtschaft als Selbstzweck‹ – beherrschte also die Arbeit des Bauhauses.«[2]

Die Verwirklichung eines solch weitgesteckten, auf Veränderung zielenden Pro-

1 Lageplan

2 a Grundriß
des Kellergeschosses
(s. Seite 11)

2 b Grundriß
des Erdgeschosses
(s. Seite 11)
Technische
Lehranstalten
  1 Laboratorium
  2 Material
  3 Klasse
  4 Windfang
  5 Dunkelkammer
  6 Physiksaal
  7 Flur
  8 Wandschrank
Werkstattgebäude
  9 Windfang
 10 Vestibül
 11 WC
 12 Ausstellungsraum
 13 Material
 14 Meister
 15 Polierraum
 16 Tischlerei
 17 Furnierraum
 18 Waschraum
 19 Maschinenraum
Speisesaal mit
Bühne
 20 Aula
 21 Bühne
 22 Kantine
Atelierhaus
 23 Windfang
 24 Vestibül
 25 WC
 26 Putzraum
 27 Küche
 28 Speisekammer
 29 Schülerzimmer
 30 Anrichte
 31 Terrasse

2 Gropius, Walter:
Bauhausbauten
Dessau. München
1930, S. 7 f.

10

3 Grundriß
  des 1. Obergeschosses
  Technische
  Lehranstalten
  1 Vestibül
  2 Flur
  3 Material
  4 Klasse
  Brücke
  5 Stapelraum
  6 Architektur
  7 Leiter
  8 Büro
  9 Warteraum
  Werkstattgebäude
  10 Lehrraum
  11 WC
  12 Vestibül
  13 Atelier
  14 Schleifraum
  15 Galvano
  16 Löt-Raum
  17 Metallwerkstatt
  18 Meister
  19 Maschinenraum
  20 Schmiede
  21 Meister
  22 Garderobe
  23 Waschraum
  24 Werkstatt
  25 Wandmalerei
  26 Lackiererei
  Atelierhaus
  27 Atelier
  28 WC

4 Grundriß
  des 2. Obergeschosses
  Technische Lehranstalten
  1 Vestibül
  2 Flur
  3 Lehrerzimmer
  4 Klasse
  5 Wandschrank
  6 Bibliothek
  7 Schreibmaschine
  8 Warteraum
  Brücke
  9 Verwaltung
  10 Besprechungsraum
  11 Direktion
  12 Verwaltung
     Bauhaus
  13 Buchhaltung/Kasse
  14 Flur
  Werkstattgebäude
  15 Schreibmaschine
  16 Warteraum
  17 Telefon
  18 Lehrraum
  19 Vestibül
  20 WC
  21 Grundlehre-
     werkstatt
  22 Material
  23 Weberei
  24 Material
  25 Meister
  26 Garderobe
  27 Waschraum
  Atelierhaus
  28 Atelier
  29 WC

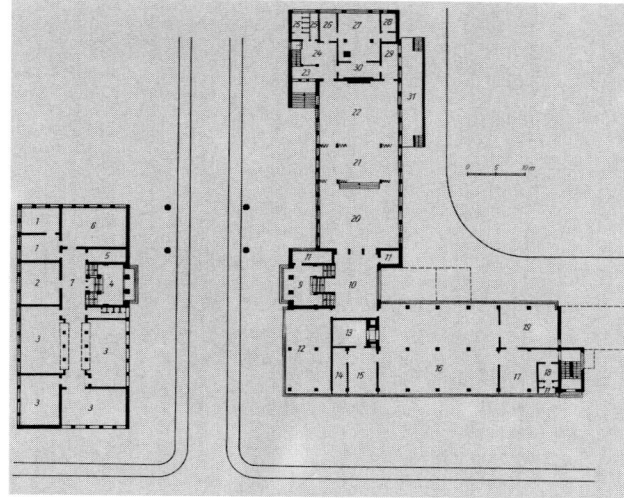

2 b

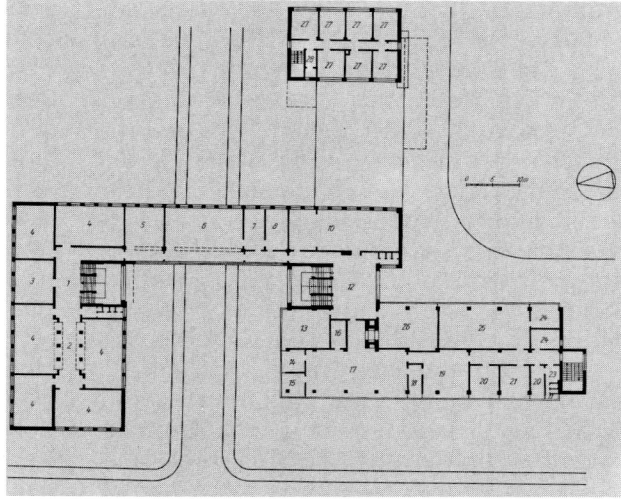

3

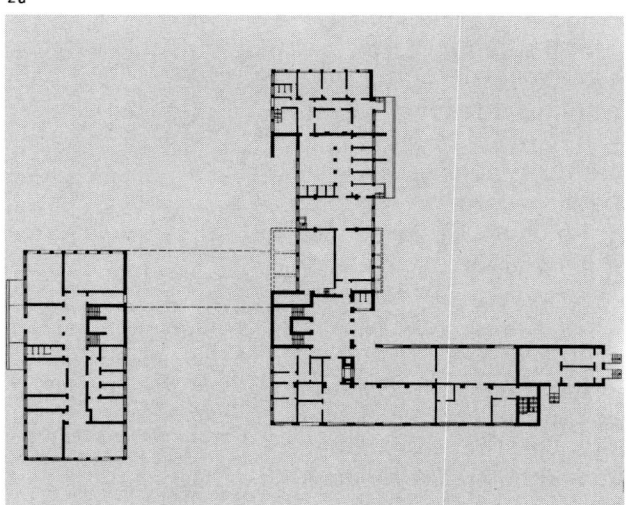

2 a

4

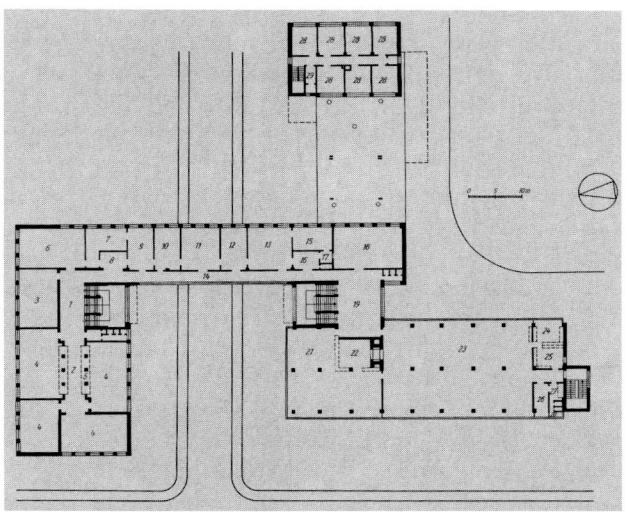

5

Walter Gropius

gramms hatte zur Folge, daß sich die Schule von Anfang an in die künstlerischen und politischen Richtungskämpfe der Zeit verstrickt sah. Fand sie einerseits Unterstützung durch gleichgesinnte, progressive Kräfte, so wurde sie andererseits von konservativen und reaktionären Kreisen heftig befehdet und schließlich zu Fall gebracht. Als gegen Ende 1924 die bürgerliche Mehrheit im thüringischen Landtag nur noch die Hälfte des erforderlichen Etats bewilligte und dadurch die Lage des Bauhauses bedrohlich wurde, erklärten Leitung und Meisterrat seine Auflösung. Sie taten es – wie Gropius schrieb – »in dem Bewußtsein ihrer Solidarität und der Stärke ihres moralischen Urheberrechts«.[3] Da sich die Schülerschaft einer solchen Haltung anschloß, eröffnete sich der Ausblick auf Weiterführung der Schule an anderem Ort. Mehrere Städte streckten ihre Fühler nach dem inzwischen durch Leistung bekanntgewordenen Bauhaus aus. Doch waren die Verhandlungsangebote meist vage. Einzig das von Bürgermeister Fritz Hesse namens der Stadt Dessau bekundete Interesse zielte von Anfang an darauf hin, neben den ideellen auch die materiellen Vorbedingungen für die Arbeit der Schule zu schaffen. In fast atemberaubendem Tempo folgten seit Januar 1925 in Dessau und Weimar Sondierungen, Besichtigungen, Verhandlungen und Diskussionen mit allen Interessengruppen. Am 24. März 1925 fand die Gemeinderatssitzung statt, auf der mit den 26 Stimmen der Sozialdemokraten und Demokraten gegen die 16 Stimmen der rechtsbürgerlichen Fraktionen des Magistrats beschlossen wurde, das Bauhaus zu übernehmen. Am 1. April 1925 übersiedelte die Schule von Weimar nach Dessau.[4]

Der Beschluß des Gemeinderates legte fest, das Bauhaus der städtischen Kunstgewerbe- und Handwerkerschule anzugliedern und Gropius die Leitung beider Schulen zu übertragen. Die Kunstgewerbe- und Handwerkerschule war Ende des 19. Jahrhunderts entstanden. Sie hatte 1897 einen eigenen – im Zweiten Weltkrieg zerstörten – Schulneubau in der Mauerstraße 36 (heute Otto-Holz-Straße) erhalten und wurde 1912 um eine Bau- und Maschinenabteilung erweitert.

Das Bauhaus mußte zunächst provisorisch untergebracht werden. Gropius nahm seinen Sitz im Gebäude der Kunstgewerbe- und Handwerkerschule, auch befanden sich hier einige Unterrichtsräume. Für die Errichtung von Ateliers der Meister stand die »Kunsthalle« (heute Museum für Naturkunde und Vorgeschichte) zur Verfügung. Im gegenüberliegenden Gebäude des Tuchversandhauses F. A. Seiler (heute Warenhaus) konnten in einem gemieteten Geschoß

5 Vorentwurf.
Carl Fieger

3 Ebda. S. 9
4 Vgl. Wingler, Hans-Maria: Das Bauhaus, 1919–1933 Weimar Dessau Berlin und die Nachfolge in Chicago seit 1937, Bramsche 1962, S. 113–114

6 Vorentwurf.
Ansicht von Westen.
Zeichnung von
Carl Fieger

6

7 Vorentwurf.
Ansicht von Nordosten.
Zeichnung von
Carl Fieger

7

8 Vorentwurf.
Modell

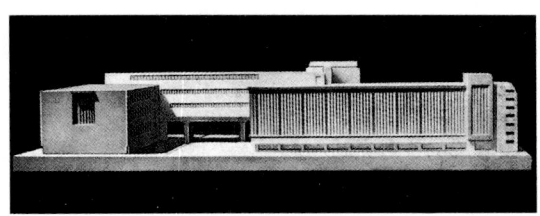

8

die mit städtischen Mitteln völlig neu ausgestatteten Werkstätten ihre Arbeit aufnehmen.

In Dessau bestand auch eine Gewerbliche Berufsschule, die räumlich unzulänglich untergebracht war. Schon im Januar 1925 hielt die Stadt einen Neubau für nötig. Der Gemeinderatsbeschluß zur Übernahme des Bauhauses empfahl zu prüfen, ob es nicht günstiger ist, für das Bauhaus und die Kunstgewerbe- und Handwerkerschule gemeinsam einen Neubau zu errichten und der Gewerblichen Berufsschule das freiwerdende Gebäude der letzteren zuzuweisen. Dies wurden schließlich die Entwurfsprämissen für den geplanten Schulneubau. Es sei hier vorweggenommen, daß entgegen der gegebenen Orientierung am Ende die Gewerbliche Berufsschule mit in das neue Bauhausgebäude einzog. Die Kunstgewerbe- und Handwerkerschule behauptete ihre Selbständigkeit, verblieb — auch in der Leitung vom Bauhaus gelöst – im Gebäude in der Mauerstraße und erhielt Ende 1926 die Bezeichnung »Technische Lehranstalten«.[5]

Am 22. Juni 1925 fand eine gemeinsame Sitzung des Bauausschusses, des Finanzausschusses und des Bauhausausschusses im Gemeinderat statt. Gropius stellte an Hand von Plänen und eines in Weimar gefertigten Gipsmodells den Entwurf für das neue Schulgebäude in zwei Varianten vor: mit und ohne Atelierhaus. Die Vertreter aller Fraktionen stimmten dem Projekt zu und vertraten auch einhellig die Meinung, daß das »Gesellenhaus« sogleich mitgebaut werden solle. Die veranschlagten Baukosten von 815 350 RM wurden bewilligt, später kamen noch 100 000 RM für Inventar hinzu. Überraschend war die positive Haltung der rechten Parteien. Sie ließen indes protokollarisch vermerken, daß die Zustimmung zum Neubau nichts an ihrer grundsätzlichen Haltung gegenüber dem Bauhaus ändere. Wegen des dringenden Raumbedarfs der Gewerblichen Berufsschule und auch weil die Räume für das Bauhaus in der Kunsthalle und bei Seiler nur bis April 1926 zugewiesen waren, einigten sich die Beratungsteilnehmer darauf, den Neubau »mit größter Beschleunigung« durchzuführen.[6]

Das Projekt wurde im Privatbüro von Walter Gropius ausgearbeitet, hauptsächlich unter Mitarbeit von Carl Fieger und Ernst Neufert. Die Bauarbeiten mußten Dessauer Firmen übertragen werden, da andernfalls ein Einspruch der Handwerkskammer zu erwarten gewesen wäre, mit Ausnahme der Vorhangfassade, für die der Rostocker Betrieb Norddraht AG den Auftrag erhielt. Gropius forderte die Angebote der Bauunternehmer bis Ende August ein. Im September 1925 begannen die Arbeiten auf der Baustelle. Am Rohbau waren die Firmen Gustav Naumann und Söhne, C. Pertz und Robert Richter beteiligt.

Am 21. März 1926 fand das Richtfest statt mit Führung durch den Bau sowie anschließendem Richtschmaus und Tanz im Volks- und Jugendheim Bauhofstraße. Am gleichen Ort und aus gleichem Anlaß hatten sich die Bauhäusler bereits am Vorabend zu ihrem Frühlingsfest, dem »Weißen Fest« versammelt. Bezogen

9

9 Baustelle.
Ansicht von Osten.

10

10 Das Gebäude kurz vor der Fertigstellung. Ansicht von Südosten

11

11 Arbeiter auf der Baustelle am Werkstättentrakt

5 Zu den Fachschulen vgl. Brückner, Franz: Häuserbuch der Stadt Dessau, S. 1094–1098
6 Stadtarchiv Dessau 711 Nr. 54 Bd. 1, Bl. 15–16

14

12 Festversammlung in
der Aula bei der Ein-
weihung des Bau-
hausgebäudes am
4. Dezember 1926

7 Die Bausumme nach
Gropius, Bauhaus-
bauten, S. 14 — In den
Gebäudeakten im
Stadtarchiv Dessau
findet sich eine Auf-
stellung v. 7. 9. 1927
(Bd. 2, Bl. 381) mit fol-
genden Summen:
896 000 RM, Inventar
154 501,60 RM — Zu den
Problemen der Rech-
nungsführung vgl.
Isaacs, Walter Gropius,
Bd. 1, S. 379

15

werden konnte das Atelierhaus am
1. September und der übrige Bau am
15. Oktober. Am 4. Dezember 1926 fand
dann die feierliche Einweihung des Bauhausgebäudes statt.
Die Oberleitung lag auch für die Ausführung in den Händen von Gropius. Auf der
Baustelle wurde er von seinem Bürochef
Ernst Neufert vertreten, der im Frühjahr
1926 eine Berufung nach Weimar an die
unter Otto Bartning eröffnete Bauhoch-
schule erhielt. Neufert blieb aber bis zur
Fertigstellung des Baues. Am 22. September trat Otto Meyer-Ottens an seine
Stelle.
Die endgültigen Baukosten betrugen
902 500 RM. Das sind bei 32 450 m³ umbauten Raumes 27,80 RM je m³. Die Ausstattung kostete 126 200 RM. Wegen der
Überschreitung der geplanten Bausumme um mehr als 100 000 RM gab es
begreiflicherweise Diskussionen seitens
der Bauhausgegner bis hin zu gehässigen
Anwürfen gegen Gropius, er habe mit
dem Bau horrende Summen verdient.
Das stimmte aber nun keinesfalls, da ihm
laut Anstellungsvertrag nur etwa 60 % des
Architektenhonorars zustanden.[7]

Die Entwurfsprämissen der zu lösenden
Bauaufgaben waren für den Architekten
geradezu ideal. Sie erlaubten ihm die eigenständige Formulierung des Baupro-
gramms und die weitgehend freie Entwicklung des Planes im Rahmen der
vorgegebenen Bausumme. Der von der
Stadt an der damaligen Friedrichsallee
erworbene Bauplatz lag frei, auf benach-
barte Bebauung brauchte nicht Rücksicht
genommen zu werden, wenngleich eine
ältere Bebauungsplanung vorlag.

Für das Gebiet nordwestlich des Bahnho-
fes war Anfang der 90er Jahre des vori-
gen Jahrhunderts ein städtebaulicher
Wettbewerb veranstaltet worden. Der
dann 1893 ausgearbeitete Bebauungsplan gründete sich auf den Wettbewerbsentwurf des Wiesbadener Architekten
Josef Brix und sah zu beiden Seiten der
Friedrichsallee, an der Stelle des heutigen Bauhausplatzes und des Bauhausgebäudes, zwei gegenüberliegende Plätze
vor. Auf dem 1907 überarbeiteten Bebauungsplan ist nur noch der Bauhausplatz
ausgewiesen, der andere aufgegeben
und die nachmalige Bauhausstraße (früher Leopolddank) bis an die Friedrichsallee herangeführt. Der Standort des
neuen Schulgebäudes wurde nach dem
vorgegebenen städtebaulichen Ordnungsschema dieses Gebietes gewählt,
und es scheint, daß auch die Gestalt des
Bauwerkes, wiewohl sie Gropius aus der
inneren Funktion begründet, doch durch
die frühere Bebauungsplanung mit angeregt ist. Denn die Baumassengruppie-
rung nimmt den Gedanken des zur Friedrichsallee geöffneten Platzraumes auf,
wobei aber nun die beiderseits der Bauhausstraße angeordneten Flügel nur
durch eine brückenartige Überbauung
des Verkehrsweges verbunden werden
konnten.
Die Entwicklungsstufen des Entwurfes
lassen sich im einzelnen nicht mehr genau nachvollziehen. Überliefert ist eine
Frontalaufnahme des zur Beschlußfassung vorgestellten Modells, und es gibt
auch zwei undatierte Zeichnungen von
Carl Fieger, die im wesentlichen der Mo-
dellösung entsprechen. Aus den Darstel-
lungen wird ersichtlich, daß im Juni 1925

die Lösung des auszuführenden Baus in ihren Grundzügen vorhanden war und bei der weiteren Durcharbeitung des Projektes wesentliche Veränderungen nicht mehr erfuhr. Es verschwand das dritte Geschoß über der Brücke. Der etwas monumentalisierte südliche Abschluß des Werkstättentraktes wurde zurückgenommen. Manche Fensteröffnung erhielt eine andere Gestalt. Die Anbindung des Atelierhauses ist wohl erst nach der Beschlußfassung über die Verwirklichung des Gesamtkomplexes genauer durchgearbeitet worden und der Zwischenbau für Aula und Kantine vielleicht sogar erst in diesem Stadium entstanden; die Modellaufnahme gibt darüber keinen genaueren Aufschluß. Insgesamt führte die weitere Entwurfsbearbeitung zur Vervollkommnung der Proportionen und der Details. Für die Projektgeschichte aufschlußreich ist eine dritte überlieferte Zeichnung von Fieger. Ausgewiesen als Vorentwurf, zeigt sie eine völlig andere Massengliederung des Gebäudes und kann als Hinweis darauf gelten, daß im Vorstadium sicherlich verschiedene Lösungsmöglichkeiten untersucht wurden. Zeitlich in den Planungsablauf einordnen läßt sich der Entwurf nicht, er trägt nur die Jahreszahl 1925.

Das ausgeführte Gebäude ist entsprechend den Hauptfunktionsbereichen in verschiedene Baukörper gegliedert. Es besteht aus dem Flügelbau für die Gewerbliche Berufsschule, dem Werkstättentrakt und dem Atelierhaus. Eine Brücke über der Straße und ein Zwischenbau verbinden diese Baukörper miteinander. Die Art der Teilung und Zueinanderordnung begründete Gropius funktionell. So schrieb er: »Die brückenartige Überbauung der Straße ergibt sich aus der gestellten Aufgabe, zwei getrennte Schulorganismen mit gesonderten Eingängen (links ›Technische Lehranstalten‹, rechts das eigentliche ›Bauhaus‹) zu bauen.«[8] Und die Lage des Atelierhauses erklärte er folgendermaßen: »Die Überlegung, daß Menschen, die an einer gemeinschaftlichen Aufgabe arbeiten, wie am Bauhaus, die Möglichkeit haben müssen, sich zeitweise ungestört außerhalb der Gemeinschaft ganz auf sich selbst zurückziehen zu können, führte dazu, das Ateliergebäude der Studierenden vom übrigen Betrieb abzurücken und jedem einzelnen Atelier möglichste Wohnruhe, ja auch jedem seinen eigenen kleinen Balkon zu geben.«[9]

Die gesamte Anlage ist unterkellert. Da das Kellergeschoß aber relativ hoch liegt und große Fenster hat, konnte es vollwertig auch für Werkstätten genutzt werden. Die drei Geschosse des Nordflügels sind jeweils in kleinere, über einen mittleren Flur erschlossene Räume unterteilt. Sie dienten der Gewerblichen Berufsschule als Klassenzimmer. Bibliothek und Lehrerzimmer waren auch darin untergebracht. Werkräume befanden sich im Keller. Die Brücke ist einhüftig angelegt mit einem die beiden Treppenhäuser verbindenden Flur. Das untere Geschoß nahm die Bauhausverwaltung einschließlich Direktorzimmer auf, auch Verwaltungsräume der Berufsschule waren hier vorgesehen. Im oberen Geschoß arbeitete die Architekturabteilung. Die innere Aufteilung des Werkstättentraktes ist ganz auf den Platz- und Raumbedarf der einzelnen Abteilungen abgestimmt. Großflächige, von Außenwand zu Außenwand reichende Räume wechseln mit kleineren. Der Trakt beherbergte seinerzeit im Sockelgeschoß Druckerei, Färberei und Bildhauerei, im ersten Obergeschoß die Weberei und Lehrräume für den Vorkurs und im zweiten Obergeschoß die Wandmalerei und die Metallwerkstatt. Im Flachbau befinden sich die aus dem Hauptvestibül zugängliche Aula und der Speiseraum (Kantine) mit einer dazwischenliegenden, nach beiden Seiten zu öffnenden Bühne. Für Festlichkeiten lassen sich Vestibül, Aula, Bühne und Kantine zu einer großen »Festebene«, wie es Gropius nennt, zusammenschließen. Der Keller nahm die Bühnenwerkstatt, einen Gymnastikraum und Bäder sowie die Heizungsanlage auf. Das Atelierhaus, das nach seinem Weimarer Vorbild auch Prellerhaus genannt wurde, enthält im Sockelgeschoß eine Hausmeisterwohnung und im Erdgeschoß die an den Speiseraum grenzende Küche. In den vier Obergeschossen befinden sich je eine Teeküche und sieben, beidseits eines Mittelganges gelegene Einraum-Atelierwohnungen, die an Studenten vergeben wurden. Die mit Brü-

8 Wie Anm. 2, S. 25 – Die Bezeichnung »Technische Lehranstalten« ist von Gropius beibehalten worden, obwohl nicht die Technischen Lehranstalten (ehemals Kunstgewerbe- und Handwerkerschule), sondern an ihrer Stelle die Gewerbliche Berufsschule in den Neubau einzog.
9 Wie Anm. 2, S. 39

Walter Gropius

16

stung und umlaufender Sitzbank versehene Dachterrasse stand für Erholung
und Gymnastik zur Verfügung.

Alle Grundrisse sind funktionell gut
durchdacht und die Räume wie die Ver-
kehrsflächen reichlich bemessen. Es ist
auch — zumindest im Werkstättentrakt —
die Variationsmöglichkeit in der räumlichen Teilung erreicht, die Gropius beabsichtigt hatte. Veränderte Nutzungen in
der neueren Zeit konnten von diesem
Vorteil zehren. Möglich wurde er durch
die Art des gewählten Konstruktionssy-
stems.

Die Tragstruktur des Bauhausgebäudes
wird in der Fachliteratur gewöhnlich als
Stahlbetonskelett bezeichnet, sicherlich
gestützt durch Gropius, der von einem
Stahlbetongerippe sprach. Im allgemeinen Sprachgebrauch trifft das zu. Genauer betrachtet besteht das statisch-

Zustand nach der Fertig-
stellung

13 Luftaufnahme von
   Südwesten

17

14

konstruktive System aus mehrstieligen Stockwerksrahmen in Stahlbeton, die — quer im Gebäude angeordnet — die längsgespannten Stahlsteindecken tragen. Die Kellerdecke des Werkstättentraktes ist zur Einsparung an Bauhöhe als unterzuglose Pilzdecke ausgebildet. Tragende und hüllende Wände sind in Ziegelmauerwerk ausgeführt. Die Flachdächer werden durch im Inneren des Gebäudes herabgeführte gußeiserne Rohre entwässert. Der Dachbelag bestand aus Kaltlack auf Jutegewebe, nur die Terrasse des Atelierhauses war mit verlöteten Asphaltplatten belegt. Für die Fenster sind durchgehend Stahlrahmen mit Verglasung aus Kristallspiegelglas verwendet worden. Die äußeren Wandflächen des Gebäudes erhielten einen glatten Zementputz.

Das Erscheinungsbild des Bauhausgebäudes wird wesentlich durch die aus dem inneren Zweck gewonnene Körpergliederung bestimmt. Drei unterschiedlich proportionierte L-förmige Flügel fügen sich zu einer asymmetrischen Baugruppe zusammen. Verglichen mit der traditionellen kompakten Lösung ähnlicher Bauaufgaben ist hier eine neue architektonische Qualität erreicht. Das Gebäude steht nicht als geschlossener, symmetrisch aufgebauter Körper beziehungslos zum Raum. Die L-förmig vorgestreckten Flügel dringen in den umgebenden städtebaulichen Raum. Sie sind mit diesem Raum verzahnt, grenzen Einzelräume heraus. So hat der Bau auch keine Fassade im üblichen Sinn, sondern ist nach allen Seiten vollwertig durchgeformt. Gropius selbst weist darauf hin, daß man ihn umschreiten muß, um seine Körperlichkeit und die Funktion seiner Glieder zu erfassen.[10] Und er beginnt die Publikation über das Bauhausgebäude mit einer Reihe von Luftaufnahmen, die seine Forderung verdeutlichen sollen, man müsse im Zuge der sich entfaltenden Luftfahrt auch das Vogelschaubild der Bauten bewußt gestalten.
Die einzelnen Trakte weisen ein unterschiedliches, jeweils aus der Nutzung und aus den konstruktiven Gegebenheiten hergeleitetes äußeres Bild auf, wobei sich aber die verwendeten Gestaltungsmittel in ein geschlossenes System der Formensprache einordnen. Die Klassenräume des Berufsschultraktes und die Büroräume der Brücke haben Fenster mit

14 Gesamtansicht von Südosten

Brüstungen. Die Fenster sind nach außen hin zu langen Bändern zusammengefaßt. Beim Atelierhaus ist die Öffnungsstruktur durch die Einzelfenster der Einraumwohnungen und die schlitzartig übereinanderliegenden Flurfenster bestimmt. Zusätzliche gliedernde Akzente entstehen durch die Balkonaustritte der nach Osten liegenden Ateliers und die an der Südseite angebrachten, auch um die Gebäudeecke greifenden scheibenartigen Balkone. Der Flachbau erhält seine Gliederung durch die in ruhigem Gleichmaß gereihten Fenster. Am Werkstättentrakt aber findet sich die durchgehende Glasfassade, die gleichsam zum Markenzeichen damaliger moderner Architektur wurde.

Man betrachte das Bild der berühmten Bauhausecke, um einen Begriff vom Wesen dieser völlig in Glas aufgelösten Wand zu bekommen! Die Stützen der Stahlbetonrahmen treten in der Front nicht in Erscheinung. Sie sind zurückgesetzt. Die Unterzüge ragen um weniges

16

15

aus und tragen die Decken mit nach vorn. Anstelle der Außenwand ist eine über drei Geschosse reichende Glasschürze vorhanden. Sie stützt sich unten auf eine Brüstungsmauer und läuft oben gegen ein schmales Gesimsband. Der etwa 15 cm breite Zwischenraum zwischen der Deckenvorderkante und der Verglasung ist horizontal mit Glas abgedeckt. Durchlaufend vor der Glaswand stehen, gleichsam eine Brüstung bildend, die Heizkörper. Die gesamte Konstruktion schuf neue ästhetische Ausdruckswerte. Anstelle von Masse herrscht nun Leichtigkeit und Transparenz vor, anstelle von Plastizität die Flächigkeit. Die durchsichtige Gebäudeecke ist geradezu Umkehrung der auf »Schwerkraftästhetik« beruhenden traditionellen Gestaltvorstellungen. Und eben darin sah auch Gropius das Programmatische seiner auf konsequenter Ausnutzung neuer technischer Möglichkeiten und neuer Baustoffe beruhenden architektonischen Lösung. Das Glas spielt nach seiner Meinung in der neuen Baukunst eine wesentliche Rolle, »denn seine edlen Eigenschaften, seine durchsichtige Klarheit, seine leichte, schwebende, wesenlose Stofflichkeit ver-

19

bürgt ihm die Liebe der modernen Baumeister«.[11] Die Außenhaut des Werkstattgebäudes gehört zu den frühen Beispielen der voll ausgebildeten gläsernen Vorhangwand, der Curtain Wall, die namentlich in der Architektur der fünfziger und sechziger Jahre eine große Rolle spielte, der man aber heute vielfach mit Skepsis begegnet. Man kann durchaus darüber nachdenken, ob der in Gropius' Glasschürze versinnbildlichte Sieg über die Massen, betrachtet unter energetischem und bauphysikalischem Blickwinkel, nicht vielleicht doch ein Pyrrhussieg gewesen ist; denn die aus Sonneneinstrahlung im Sommer und aus Heizungsaufwand im Winter entstehenden Probleme sind nicht von der Hand zu weisen und fanden auch schon damals ihre Kritiker. Doch war das Gropiussche Plädoyer für das Glas nicht nur ästhetisch, sondern auch funktionell und sozial motiviert. Große Glasflächen ermöglichten es, die Räume mit Licht zu durchfluten, die Sonne, aber ebenso die Natur hereinzuholen, also eine neuartige Verbindung des Inneren mit dem Äußeren herzustellen und dadurch auch Prozesse und Tätigkeiten, die sich im Gebäude abspielten, nach außen hin offenzulegen, durchscheinend zu machen.

Die überzeugende Gestaltung des Bauhausensembles beruht wesentlich auf der Zusammenfassung verschiedener und untereinander kontrastierender Elemente zu einem harmonischen Ganzen. Unterschiedlich proportionierte Körper, wechselnde Öffnungsstrukturen sowie konstrastierende Putz- und Glasflächen sind kompositorisch zur Einheit verbunden, und das auf neuartige Weise, nicht nach einem vorgegebenen Ordnungsschema, sondern als frei aus den Bedingungen der Bauaufgabe entwickelte rhythmische Gruppierung.

Das Innere des Gebäudes ist im gleichen Geist gestaltet wie das Äußere und steht mit diesem in formaler Korrespondenz. Die Ausstattung ist entsprechend den unterschiedlichen funktionellen Anforderungen wohl dosiert und im ganzen wenig aufwendig. In der Berufsschule gibt es raumtrennende Einbauschränke für Zeichenbretter in den Fluren. Das Lehrerzimmer erhielt Kleider- und Planschränke.

17

18

17 Aula, Blick zum Eingang, Zustand 1926

18 Kantine

11 Ebda. S. 49

20

19 Zimmer des Direktors im unteren Geschoß der Brücke. Schreibtisch und Sessel sind aus dem Weimarer Direktorzimmer von 1923 übernommen. In der Vitrine befinden sich Werkstattarbeiten des Weimarer Bauhauses.

19

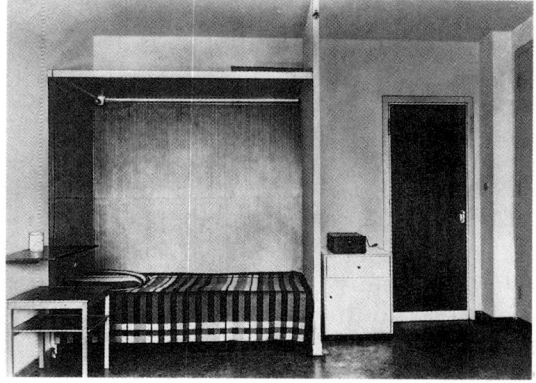

20 Einraumwohnung im Atelierhaus, eingerichtet von den Bauhauswerkstätten

21 Ideenentwurf von Carl Fieger für ein Kultur- und Sportzentrum zwischen Bahnhof und Bauhaus

20

21

Die Atelierwohnungen sind mit eingebauten Bettnischen und Wandschränken sowie Arbeitstischen und Stühlen voll möbliert. Zur Ausstattung des Direktorzimmers gehören ebenfalls feste Schrank-, Regal- und Vitrineneinbauten. In der Aula befindet sich ein festes Gestühl. Ansonsten sind die Räume mit beweglichem Mobiliar versehen.

An der Ausstattung waren fast alle Werkstätten des Bauhauses beteiligt. Im eigenen Hause fanden sie ein Bewährungsfeld, und die von ihnen hervorgebrachten einfachen und zweckmäßigen Einrichtungsgegenstände legten zugleich Zeugnis von ihrer Leistungsfähigkeit und ihrem künstlerischen Wollen ab. Dabei schlossen sich die Einzelstücke zur gestalterischen Einheit zusammen. Das ist um so bemerkenswerter, als die Entwürfe dazu nicht vom Architekten vorgegeben worden waren, sondern in den Werkstätten selbst entstanden sind; Gropius hat später ausdrücklich auf diesen Sachverhalt hingewiesen. Viele Möbel und Möbelentwürfe gingen aus der Tischlerei hervor, so die später in Serie gefertigten Hocker in der Kantine und das raumsparende Stahlrohrgestühl in der Aula von Marcel Breuer. Sämtliche Beleuchtungskörper stammten aus der von Moholy-Nagy geleiteten Metallwerkstatt. Die Arbeitsräume waren mit unterschiedlichen Typen von Kugel- und Schirmleuchten ausgestattet, die Kantine mit einer von Max Krajewski entworfenen Schalenleuchte. Eine eigenwillige, aber zweckmäßige Beleuchtung erhielten Vestibül und Aula in Form der an Rohrgestängen befestigten Soffittenlampen ohne Schirm.

Die farbige Gestaltung des Gebäudes lag in den Händen der Wandmalereiwerkstatt und ihres Meisters Hinnerk Scheper. Das verputzte Äußere war mit einem weißen Anstrich aus Mineralfarbe versehen, grau davon abgesetzt der Sockel, die Pfosten zwischen den Fenstern des Flachbaus und der südliche Kopfvorbau des Werkstattflügels. Im Kontrast dazu standen die schwarz gestrichenen Fensterrahmen. Für das Innere hatte Scheper einen Farbplan entworfen, der die Orientierung im Gebäude unterstützen sollte. Er ist als Ganzes nicht verwirklicht worden. Die beabsichtigte Orientierung durch Farbe beschränkte sich auf verschiedenfarbige Anstriche in den einzelnen Geschossen der Berufsschule und des Atelierhauses, ohne die im Plan vorgesehenen richtungsgebenden Pfeile und Linien. Scheper ging von dem Grundsatz aus, durch unterschiedlich farbige Behandlung von tragenden und hüllenden Flächen die architektonische Struktur eines Raumes besonders zu unterstreichen.

Die ausgeführte farbige Gestaltung der Festebene berücksichtigte sowohl die funktionellen Gegebenheiten wie die stimulierende Wirkung der farbigen Grundstimmung eines Raumes. Im Windfang und im Foyer wurden die Farben des Außenbaus wieder aufgenommen und dienten in ihrer kühlen Sachlichkeit zur Einstimmung in die Atmosphäre des Bauhauses. In der Aula schufen die graue Rückwand, die weißen Fensterpfeiler und Unterzüge, die schwarze Verdunklung, die grauen Bezüge der Stahlrohrstühle und der in einem gedeckten Grün gehaltene Fußbodenbelag eine zurückhaltende, doch festliche Raumstimmung. Eine andere Atmosphäre herrschte in der Kantine durch den Einsatz eines strahlenden Rotes für Teile der Decke. Die wiederum in Schwarz, Weiß und Grautönen gehaltenen übrigen Bauteile steigerten das Rot noch in seiner belebenden Wirkung, die ganz der auf Erholung gerichteten Funktion des Raumes entsprach.

Einheitlich durchgestaltet von innen nach außen, aber auch wiederum von außen nach innen, ist das Bauhausgebäude in seiner Formensprache Ausdruck der in den »Grundsätzen der Bauhausproduktion« geforderten und auch näher beschriebenen neuen Werkgesinnung: »Entschlossene Bejahung der lebendigen Umwelt der Maschinen und Fahrzeuge. Organische Gestaltung der Dinge aus ihrem eigenen gegenwartsgebundenen Gesetz heraus, ohne romantische Beschönigungen und Verspieltheiten. Beschränkung auf typische, jedem verständliche Grundformen und -farben. Einfachheit im Vielfachen, knappe Ausnutzung von Raum, Stoff, Zeit und Geld.«[12]

Die festliche Einweihung des neuen Gebäudes am 4. Dezember 1926 war ein bedeutendes gesellschaftliches Ereignis. Mehr als tausend in- und ausländische Gäste nahmen daran teil, und auch in der Folgezeit riß der Besucherstrom nicht ab. Berichte über das Geschaute und Erlebte erschienen in großer Zahl. Sie machten eine breite Öffentlichkeit mit der Schule, ihrem Gebäude und den Bauhausbauten in Dessau überhaupt bekannt. Euphorische Presseberichte bezeichneten den Bauhausneubau als »Modernste Kunstschule der Welt« (Berliner Illustrierte) oder »erste monumentale Selbstdarstellung der neuen Baugesinnung« (Berliner Börsen-Kurier). Auch in der Fachwelt fand er eine breite würdigende Zustimmung. Max Osborn hob hervor, daß sich hier die neue Baukunst in ihrer Sprache ohne Hemmungen entfalten konnte und pries die neuen Gestaltungsmittel: »Noch nie hat sich der Grundsatz der klaren, kubischen Fügung, das System des unverwischten Kontrastspiels von geradlinig durchgeführten Horizontalen und Vertikalen mit so starker Wirkung an einem Exempel bewährt.« Und über die Inneneinrichtung schrieb er: »Alles ist von bester technischer Einfachheit der Gestaltung, von exaktester Präzision in der Verarbeitung, von ungemein praktischer Durchdachtheit. Das Provisorische, Experimentelle, das man in Weimar noch antraf, ist stabilen und endgültigen Formungen und Anordnungen gewichen.«[13] Adolf Behne zählte das Gebäude zu den wichtigsten, den vorbildlichen und richtungsgebenden Bauten seit Kriegsende in Europa mit der Begründung: »Eine prächtige Verwirklichung aller Tendenzen modernen Bauwillens steht jetzt in Dessau aufgerichtet und wirkt in aller Kühnheit und Ungewöhnlichkeit so selbstverständlich und so einfach notwendig, daß der Einfluß unwiderstehlich sein wird.«[14] Ein sowjetischer Architekt wies besonders auf die pädagogische Funktion des neuen Gebäudes hin. Es überzeuge den Lernenden auf Schritt und Tritt davon, daß das von ihm geforderte nicht bloß Phantasie oder ästhetisches Dogma, sondern eine neue und reale künstlerische Richtung ist: »Alle Ausstattung und Einrichtung bringt soviel starke und unaus-

12 Probst, Hartmut u. Schädlich, Christian: Walter Gropius. Bd. 3. Berlin 1987, S. 93
13 Osborn, Max: Das neue »Bauhaus«. In: Vossische Zeitung v. 4. 12. 1926. Zitiert nach Wingler, Bauhaus S. 134 – Über die Einweihung des Gebäudes vgl. Volksbl. f. Anhalt v. 6. 12. 1926
14 Behne, Adolf: Das Bauhaus Dessau. In: Fachblatt für Holzarbeiter 1927, S. 33

Zustand nach 1945

22 Werkstättentrakt mit Ausmauerung, nach 1948

22

23 Ansicht des Werkstättentraktes nach dem Umbau der Fassade 1960/61

24 Ansicht von Westen, Beginn der Rekonstruktionsarbeiten am Berufsschultrakt

23

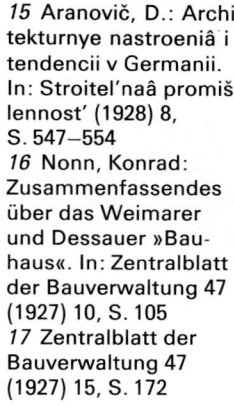

24

15 Aranovič, D.: Architekturnye nastroeniâ i tendencii v Germanii. In: Stroitel'naâ promišlennost' (1928) 8, S. 547–554

16 Nonn, Konrad: Zusammenfassendes über das Weimarer und Dessauer »Bauhaus«. In: Zentralblatt der Bauverwaltung 47 (1927) 10, S. 105

17 Zentralblatt der Bauverwaltung 47 (1927) 15, S. 172

löschliche Eindrücke hervor, daß schon der bloße Aufenthalt in den Räumen im Laufe von ein bis zwei Jahren seine Spuren im Sinne einer bestimmten ästhetischen Erziehung hinterläßt.«[15]

Würdigten Vertreter der neuen Architektur das Bauhausgebäude als Prototyp der neuen Ästhetik, so sahen konservative Architekten darin den Verfall der Baukunst. Es genügt hier Konrad Nonn anzuführen, der seit 1924 das Bauhaus heftig und in gehässiger Weise angriff. Er nutzte die Fertigstellung des neuen Gebäudes zu einer abermaligen Abrechnung mit der Schule und dem Neuen Bauen. Er setzte die Kritik an technischen Details der Glasschürze und der Flachdächer an und kam zu dem Schluß, daß der Zweck zugunsten einer Geschmackslaune geradezu vergewaltigt und das Gegenteil von dem erreicht worden sei, was man gemeinhin als »modernen Zweckbau« bezeichnete.[16] Die progressive Architektenvereinigung »Der Ring«, der Gropius angehörte, ließ durch ihren Sekretär Hugo Häring eine Erwiderung schreiben, in der es heißt: »Wir, die wir uns als Freunde des Bauhauses bekennen, sind uns wohl bewußt, daß man über technische Fragen und pädagogische Auffassungen des Bauhauses streiten kann … Jede schöpferische Kritik an dieser Leistung halten wir für erwünscht, weil sie die Sache fördert, aber wir weisen die Angriffe jener Hüter der Fachvernunft zurück, die in zünftiger Einseitigkeit die technische Unzulänglichkeit einer Lösung tadeln, ohne die Probleme zu erkennen, die dahinterstecken, und die sich überdies nicht scheuen, die Gesinnung zu verdächtigen, die sich in dieser Pionierarbeit kundgibt.«[17]

Der baugeschichtliche Rang, den viele damalige Zeitgenossen dem Bauhausgebäude zusprachen, hat sich bestätigt. Es ist das Hauptwerk im persönlichen Schaffen von Gropius und erster Höhepunkt der modernen Bewegung. Zusammen mit seinem Partner Adolf Meyer hatte Gropius bereits vor dem ersten Weltkrieg an Aufgaben des Industriebaus, dem Faguswerk in Alfeld an der Leine 1911–1914 und der Musterfabrik auf der Kölner Werkbundausstellung 1914, wesentliche Elemente einer neuen Architekturkonzep-

Walter Gropius

26 Eintragung von Ise Gropius im Gästebuch des Bauhauses 1979

Nach 57 Jahren das erste Wiederseh en mit wieder hergestelltem Bauhaus! Endlich ein Erlebnis das meinem Mann nicht mehr beschieden war! Alles war so wunderbar organisiert dass erst in der Erinnerung die ganze Wucht des Erlebnis eines einzigen Tages zu tage treten wird – Ich glaube, dass die Bauhaus-Ideologie in der D.D.R. echt lebendig erhalten wird.

Ise Gropius
5. Dez. 1979

THE VISIT TO THE BAUHAUS WAS LIKE A CONVERSATION WITH GROPIUS FOR ME

26

Zustand seit der Rekonstruktion 1976

27 Atelierhaus von Osten

28 Blick auf Eingang und Werkstattflügel durch die Brücke

29 Blick auf den Berufsschultrakt durch die Brücke

25 Ehemalige Angehörige des Bauhauses als Gäste der Festveranstaltung am 4. Dezember 1976. Von links nach rechts:
Edmund Collein, Reinhold Rossig, Lotte Collein, Richard Paulick, Margarethe Reichardt, Richard Krauthause, Franz Ehrlich, Waldemar Alder, Kurt Stolp, Werner Kupsch, Max Bill, Max Gebhard, Konrad Püschel, Judith Karras, Ernst Kanow, Rudolf Weise, Wolf Rössger, Kurt Schmidt

tion praktisch verwirklicht. Seit Anfang der zwanziger Jahre arbeitete er sie — bis zur Schließung des Weimarer Bauhauses ebenfalls in Partnerschaft mit Adolf Meyer — weiter aus. Der Wettbewerbsentwurf für das Verlagsgebäude der Chicago Tribune 1922, das 1922 bis 1924 ausgeführte Lager- und Ausstellungsgebäude der Landmaschinenfabrik Kappe in Alfeld an der Leine sowie Entwürfe für das Friedrich-Fröbel-Haus in Bad Liebenstein und die Philosophische Akademie Erlangen aus dem Jahre 1924 führen zur architektonischen Lösung des Bauhausgebäudes hin, wobei namentlich letzterer durch die bei der Raum- und Körperbildung befolgten Entwurfsgrundsätze als unmittelbare Vorstufe gelten kann. Doch ist das Bauhausgebäude eine originäre Leistung. Überzeugend faßt es jene Gestaltungsmittel zusammen, die das ästhetische Wesen des Neuen Bauens ausmachen, und verdeutlicht zugleich die reichen Möglichkeiten der funktionalistischen schöpferischen Methode nicht nur im Hinblick auf eine neue Formensprache, sondern auch eine das Gemeinschaftsleben fördernde architektonische Lösung. Was den Bauhäuslern in Weimar nicht gelang, nämlich durch eine Siedlung die baulich-räumlichen Voraussetzungen für die Entwicklung der erstrebten Arbeits- und Lebensgemeinschaft zu schaffen, ist hier in modifizierter Form verwirklicht. Das Gebäude dient nicht nur eben dem Zweck »Schule«. Es bietet der Arbeit ebenso Raum wie dem Wohnen, ist Stätte schöpferischer Tätigkeit, geistig-kulturellen Lebens, heiterer Geselligkeit und fördert auf diese Weise Gemeinschaftsbeziehungen.   W. Gropius

27

28

29

Bauhausgebäude

faßte die Architektur als Gestaltung von Lebensvorgängen auf. Die architektonische Qualität des Bauhausgebäudes beruht wesentlich darauf, daß Gropius, Architekt und Bauherr in einem, die Lebensvorgänge gut kannte, die mit der Bauaufgabe verbunden waren, und daß er bei der Lösung auf die kollektive Erfahrung der Bauhäusler zurückgreifen konnte, die sie in der praktischen Erprobung einst postulierter Ziele für die mit dem Bauhausgedanken verbundene Arbeits- und Lebensgemeinschaft gewonnen hatten. So ist der Schulneubau zusammengefaßter Ausdruck der sozialen und künstlerischen Ziele des Bauhauses unter Leitung von Gropius, wie er umgekehrt der weiteren Entfaltung der Schule bedeutende Impulse gab.

Im Oktober 1926, also zu Beginn der Arbeit im neuen Gebäude, wurde das Bauhaus durch die anhaltische Regierung zur »Hochschule für Gestaltung« erhoben. Es führte hinfort diese Bezeichnung im Untertitel und verlieh als Studienabschluß später das Bauhaus-Diplom. In der pädagogischen und künstlerischen Tätigkeit prägte sich nun deutlicher die Hinwendung zur Industrieformgestaltung aus. Mit Einrichtung der Bauabteilung im Frühjahr 1927 unter Leitung des Schweizer Architekten Hannes Meyer wurde endlich diese im Programm von Anfang an enthaltene wichtige Profilkomponente praktisch in das pädagogische System eingeordnet und die integrale Funktion der Architektur in der gesamten Bauhausarbeit voll wirksam. Walter Gropius verließ am 1. April 1928 das Bauhaus. Auch nach ihm standen Architekten als Direktoren an der Spitze des Instituts, zunächst Hannes Meyer bis 1930, dann Ludwig Mies van der Rohe. Jeder hat das Bauhauskonzept nach seinen eigenen schöpferischen Vorstellungen zu verwirklichen versucht, Meyer im Sinne der vollen Ausprägung des sozialen Bezuges gestalterischer Tätigkeit, Mies van der Rohe in Richtung auf eine hohe formal-ästhetische Qualität der Erzeugnisse. Die Aufteilung der Räume unter die einzelnen Funktionsbereiche erfolgte sicherlich erst nach dem Einzug in den Neubau, wie es gewiß auch später manche Veränderung gegeben hat. Reibungen entstanden aus der gemeinsamen Nutzung mit der Gewerblichen Berufsschule. Deren Direktor forderte im September 1930 die Nutzung aller Räume im Schultrakt und eines Teiles der Brücke und drang auch auf die strikte Trennung beider Einrichtungen. Daraufhin erfolgte mit Zustimmung des Bauhauskuratoriums im Oktober der Umbau des Atelierhauses. Durch Herausnahme von Wänden entstanden im ersten bis dritten Obergeschoß Lehrräume und Ateliers für das Bauhaus. Das vierte Obergeschoß wurde ohne Umbau für Arbeitsräume der Lehrkräfte genutzt. Hier richtete auch Direktor Mies van der Rohe sein Dienstzimmer ein. Der Umbau war mehr als nur rationellere Ausnutzung der Räume, er bedeutete auch Abstrich vom Programm. Gustav Hassenpflug, der einer der Augenzeugen war, schrieb in einem Brief, daß ihm das Herz blute, weil mit dem Atelierhaus die lebendigste Idee des Bauhauses falle.[18]

Als die Nazi-Abgeordneten im Dessauer Gemeinderat am 21. Januar 1932 den ersten Vorstoß zur Auflösung des Bauhauses unternahmen, da forderten sie auch den Abbruch des Gebäudes und begründeten dies damit, daß das Bauhaus einen orientalischen Baustil pflege, daß es alte, echte deutsche Kunst erniedrige und mit seinen Machwerken der deutschen Seele und dem deutschen Gefühl ins Gesicht schlage.[19] Der Antrag auf Abbruch wurde abgelehnt. Auch die Kommunisten stimmten dagegen, erklärten aber in der Diskussion, daß sie, sollte der Antrag dennoch durchkommen, dafür wären, aus dem Bauhaus eine Wärmehalle für die Obdachlosen zu machen.[20] Am 22. August 1932 stimmte die bürgerliche Mehrheit des Dessauer Gemeinderates dem Antrag der Nazifraktion zu, das Bauhaus mit Wirkung vom 1. Oktober 1932 zu schließen. Mies van der Rohe suchte die Schule als Privatinstitut zu retten und übersiedelte damit nach Berlin, wo sie allerdings schon im Sommer 1933 ihre Tätigkeit einstellen mußte.

Das Dessauer Bauhausgebäude aber war plötzlich seines Zweckes beraubt, für den es erbaut worden war. Es scheint, daß große Teile des Gebäudes zunächst leerstanden, bis sie nach der Errichtung der

18 Brief an Otti Berger v. 22. 10. 1930. Bauhaus-Archiv Berlin, Gropius-Sammlung 8/5
19 Anhalter Anzeiger v. 22. 1. 1932
20 Ebda.

26

30 Hauptvestibül,
Blick zur Treppe

31 Hauptvestibül mit
Eingangstüren zur
Aula

30 31

32 Treppe im
1. Obergeschoß,
Blick nach unten

32

faschistischen Diktatur einer neuen Nutzung zugeführt wurden. Die Gewerbliche
Berufsschule verblieb im Nordtrakt. Den
Kern der Anlage: Brücke, Atelierhaus,
Flachbau und drei Achsen des Werkstattgebäudes nutzte ab August 1933 die Landes-Frauenarbeitsschule (eine Hauswirtschaftsschule). Im Oktober zog in den
Rest des Werkstattflügels, zugänglich
vom Nebeneingang, die NS-Gauführerschule ein. Nun habe, so hieß es in der
Presse, der sonst kaum anderweitig verwendbare Bau »noch eine einigermaßen
zweckdienliche Verwendung gefunden«.[21]
An weitere Institutionen wurden Räume
zur zeitweiligen Nutzung vergeben.[22]
Das Gebäude befand sich in bautechnisch gutem Zustand. Allerdings waren
von Anfang an jährliche Werterhaltungsmaßnahmen nötig, unter denen die Dachreparaturen den größten Umfang einnahmen. Das Dach hatte eine zu geringe
Neigung, die verwendete Kittmasse hat
sich nicht bewährt, und die Wassereinläufe froren im Winter zu. Um die daraus
entstehenden Übelstände zu beheben,
erhielt das Gebäude mit Ausnahme des
Berufsschultraktes von Ende 1933 bis Anfang 1935 in mehreren Etappen zusätzlich
flache hölzerne Satteldächer mit Pappeindeckung. Am Atelierhaus wurde dabei
die Brüstung erhöht, um noch einen Trokkenboden zu gewinnen. Die Dächer hatten einen Überstand in Form eines Kastengesimses. Sie waren bei der flachen
Neigung von etwa 1:10 vom Betrachter
kaum wahrzunehmen, doch beeinträchtigten nun Dachkästen, Regenrinnen und
Fallrohre das ursprüngliche Erscheinungsbild.
Die Fertigstellung der Außenanlagen des
Gebäudes (Höfe, Spielplätze) hatte sich

21 Anhalter Woche v.
15. 10. 1933
22 Ende 1932/Anfang
1933 hatte das
Arbeitsamt Arbeitslosenwerkstätten für
Bauhandwerker eingerichtet. Räume nutzten
zeitweilig u. a. das Forschungsinstitut für
Raketentechnik des
Vereins Deutscher
Ingenieure, der SS-
Fliegersturm, die Junkers-Betriebskrankenkasse, eine Arbeitsgruppe des Baustabes
Speer

27

33

34

35

bis 1928 hingezogen, 1930 war ein größerer Sportplatz angelegt worden. Die Umgebung des Bauhausgebäudes wurde erst in den Jahren 1936 bis 1937 mit Wohnhäusern bebaut und dabei der Platz vor dem Gebäude, der heutige Bauhausplatz, angelegt. Zur Bebauung des Geländes zwischen dem Bahnhof und dem Bauhaus gibt es einen interessanten Entwurf von Carl Fieger. Unter Einbeziehung des Bauhausgebäudes sieht er ein räumlich axial geordnetes Kulturzentrum mit Sportplatz, Turnhalle, Theater und der alles bekrönenden Stadthalle vor. Über Anlaß und Zeitpunkt dieses Planes ist nichts bekannt. Naheliegend ist, daß er als Ideenskizze im Zusammenhang mit dem 1927/28 laufenden Wettbewerb für die Stadtkrone in Halle an der Saale, an dem das Architekturbüro Gropius teilnahm, entstand.

Nach Beginn des zweiten Weltkrieges mußten die Schulen das Bauhaus räumen, um der faschistischen Wehrmacht und den Konstruktionsbüros der Junkerswerke Platz zu machen. Das nun kriegswichtige Gebäude erhielt im September 1941 einen der damals üblichen graugrünen Tarnanstriche. Doch auch dieser hat es nicht vor schweren Bombenschäden bewahrt. Während des Luftangriffes am 7. März 1945 wurde es getroffen und brannte teilweise aus. Bomben und Flammen zerstörten die Glasschürze und beschädigten auch manche Konstruktionsteile, vor allem im obersten Geschoß des Berufsschulflügels.

So hinterließ die Naziherrschaft neben den geistigen auch die materiellen Trümmer der einst weltbekannten Schule, und es ist verständlich, wenn nach der Befreiung vom Faschismus sogleich auch Gedanken auftauchten und praktische Schritte unternommen wurden, das Lehrinstitut neu zu begründen und das Gebäude dafür wiederherzustellen. Erschien es doch als Akt historischer Gerechtigkeit, aber auch aktueller Notwendigkeit, an jene progressiven künstlerischen Bestrebungen wieder anzuknüpfen, die vom Faschismus gewaltsam unterbunden worden waren.[23] Eingesetzt dafür hat sich vor allem der Bauhausabsolvent Hubert Hoffmann, der im Sommer 1945 Lei-

33 Aula,
Blick zur Bühne

34 Aula,
Blick zum Eingang

35 Blick zum Speisesaal durch die geöffnete Bühnenrückwand in die Aula

23 Vgl. Hoffmann, Hubert: Die Wiederbelebung des Bauhauses nach 1945. In: Eckard Neumann: Bauhaus und Bauhäusler. Köln 1985, S. 369–375

36

36 Bauhaustreff 1985. Er bot der Öffentlichkeit Ausstellungen, Vorführung handwerklicher Techniken, experimentelles Theater, Tanz sowie Möglichkeiten für kreatives Spielen und heitere Geselligkeit.

ter des Stadtplanungsamtes wurde und mit Unterstützung des in seine Funktion zurückgekehrten früheren Oberbürgermeisters Fritz Hesse die vorbereitenden Arbeiten in Angriff nahm, um die Schule in zeitgemäßer Weiterentwicklung wieder eröffnen zu können. Die Versuche, das Bauhaus neu zu beleben, scheiterten an politischen Widerständen. Da die Tragstruktur des Bauhausgebäudes im wesentlichen intakt war, ließ es sich — gemessen am Zerstörungsgrad anderer Gebäude — mit relativ geringem Aufwand wieder nutzbar machen. So konnten bis 1948 der Berufsschultrakt erneuert und die Fassade des Werkstattflügels durch eine Ziegelummauerung mit normalen Fenstern notdürftig geschlossen werden. Das Bauhaus wurde nun Heimstatt mehrerer Schulen, die ihre Gebäude verloren hatten. Aus dieser Zeit rührten weitere Wandeinbauten, u. a. auch in der ehemaligen Aula, her.

Ein erster Schritt zur wirklichen Erneuerung des Gebäudes war die Beseitigung der provisorischen Ziegelwände des Werkstättentraktes 1960 bis 1961. An ihre

Stelle traten durchlaufende Brüstungen und Fensterbänder mit Stahlsprossen, eine aus der damaligen Nutzung geborene, aber der Formensprache des Gebäudes durchaus angemessene Lösung. Der Umbau wurde auf Initiative vor allem des Stadtarchitekten Hans Krause in Angriff genommen. Als Bauleiter arbeitete der schon 1925/26 in der gleichen Funktion tätige Carl Sturzkopf. Im Hinblick auf weitere bauliche Maßnahmen veranlaßte das Stadtbauamt Dessau eine genaue Bauaufnahme einschließlich zeichnerischer Rekonstruktion früherer Zustände der Innenausstattung. Sie wurde im Sommer 1964 durchgeführt von Architekturstudenten der Hochschule für Architektur und Bauwesen Weimar unter Leitung von Karl-Heinz Schlesier seitens des Stadtbauamtes und Konrad Püschel, Absolvent des Bauhauses, seitens der Weimarer Hochschule.

Diese Bestandsaufnahme bildete eine wichtige Grundlage für die gegen Mitte der siebziger Jahre ins Auge gefaßte Rekonstruktion des Bauhausgebäudes nach strengen denkmalpflegerischen Gesichtspunkten. Das Projekt dafür erarbeitete der VEB Industrieprojektierung Dessau (verantwortlicher Projektant: Wilhelm Schulze). Die Bauarbeiten begannen im Februar 1976 unter Anleitung des Büros des Stadtarchitekten (leitender Architekt: Wolfgang Paul; beratend wirkten mit: Stadtarchitekt Gerhard Plahnert, Chefkonservator Hans Berger und die ehemaligen Bauhausstudierenden Konrad Püschel, Selman Selmanagić und Carl Marx). Die begonnenen Baumaßnahmen erstreckten sich auf das Äußere (mit Ausnahme des Atelierhauses, das wenig später in Angriff genommen wurde) und die Räume in der Festebene. Eingangsbereich, Vestibül, Aula, Bühne, Speisesaal und Ausstellungsraum wurden in alter Form wiederhergestellt. Besondere Probleme gab die Glasschürze auf. Nach heutigen bauphysikalischen Anforderungen wäre eine Thermoverglasung nötig gewesen, die jedoch stärkere Sprossenprofile und damit Veränderungen der ursprünglichen Proportionen bedingt hätte. So wurde die Vorhangwand im Originalzustand, der aus noch vorhandenen nicht zerstörten Teilen in der Rückfront zu entnehmen war, nachgebildet, allerdings nun in schwarz eloxiertem Aluminium.

Die Erneuerungsarbeiten setzten Maßstäbe für die denkmalpflegerische Rekonstruktion von Bauten der modernen Architektur.

Am 4. Dezember 1976 fand in der Aula des wiedererstandenen Bauhausgebäudes, genau 50 Jahre nach seiner ersten Einweihung, eine Festveranstaltung statt. Sie war ein Bekenntnis zum progressiven Erbe des Bauhauses. In den rekonstruierten Räumen nahm 1977 das Wissenschaftlich-kulturelle Zentrum Bauhaus Dessau seine Arbeit auf. Es machte jährlich Tausende von Besuchern mit dem Gebäude und der Geschichte des Bauhauses bekannt, veranstaltete Ausstellungen, begann mit der Sammlung von Sachzeugnissen und organisierte Fachseminare ebenso wie Kulturveranstaltungen für die Öffentlichkeit. Das Bauhaus wurde wieder zum Ort geistig-kulturellen Lebens der Stadt, aber auch Stätte fachlicher Begegnung mit wachsender internationaler Ausstrahlung.

Mit der Rekonstruktion des Gebäudes war die Absicht verbunden, es wieder einer dem Charakter des ehemaligen Bauhauses entsprechenden Nutzung zuzuführen. Das geschah stufenweise im Maße, in dem es gelang, für die noch auszugliedernden Schulen anderweitig Bauten zur Verfügung zu stellen. Aber auch im Gebäude selbst machten sich weitere Rekonstruktionsarbeiten nötig. Die wichtigsten betrafen das Atelierhaus. Nachdem bereits Ende der siebziger Jahre die bis dahin mit einem Satteldach überdeckte Dachterrasse und auch das gesamte Äußere in ursprünglicher Form wiederhergestellt worden waren, erhielt der Bau durch die Umgestaltung des Inneren zu Wohnunterkünften 1983/84 auch seine frühere Funktion zurück. Er war nun bereit, zusammen mit einem an anderer Stelle in der Stadt errichteten Internatsneubau die neuen Bauhausnutzer zu beherbergen.

Am 1. April 1984 nahm das Bildungszentrum Bauhaus Dessau die Tätigkeit auf. Mit Wirkung vom 1. Januar 1987 wurden seine Aufgaben und die des Wissenschaftlich-kulturellen Zentrums in einer neuen Institution zusammengefaßt. Im Bauhaus Dessau entstand eine Stätte der Bildung und Forschung auf den Gebieten Städtebau, Architektur, Produktgestaltung und architekturbezogener Kunst. Sammlung, Werkstatt, Akademie — diese Komponenten charakterisieren heute die Tätigkeit des Bauhauses Dessau. Getragen von einer Stiftung und unterstützt durch einen Förderverein richtet es sein Augenmerk darauf, das komplexe Profil interdisziplinärer gestalterischer Arbeit in Urbanistik, Architektur, Design und bildender Kunst weiter auszuprägen und im neuen politischen und sozialen Bezugsfeld für die Lösung praktischer Aufgaben produktiv zu machen.

Häuser für die Bauhausmeister

Bauzeit: 1925–1926
Auftraggeber: Stadt Dessau
Entwurf: Walter Gropius

Es ist wohl als glücklicher Umstand zu werten, daß das Bauhaus in Dessau gleichzeitig mit dem neuen Schulgebäude auch Unterkünfte für Studierende und Lehrer errichten und auf diese Weise etwas von dem sozialen Anliegen des Weimarer Siedlungsplanes, wenn auch nur bruchstückhaft, verwirklichen konnte. Der Bau von sieben Wohnhäusern für die Bauhausmeister wurde zusammen mit dem Bauhausneubau am 31. März 1925 vom Finanzausschuß des Gemeinderates beschlossen. Gropius machte sich gemeinsam mit Bürgermeister Hesse auf die Suche nach einem geeigneten Bauplatz und wählte das nicht weit vom Bauhausgebäude entfernte Flurstück an der Burgkühnauer Allee.[1] Es ist unwahrscheinlich, daß nähere Vorgaben für das Bauprogramm gemacht worden waren. Die Anordnung der Wohnungen in einem Einzelhaus und drei Doppelhäusern sowie ihr räumlicher Zuschnitt dürften freie Entscheidungen des Architekten gewesen sein.

Mit den Bauarbeiten wurde im September 1925 begonnen. Örtlicher Bauleiter war Hans Volger, Mitarbeiter in Gropius' Bauatelier. Die Bemühungen der Bauleitung, sich bei der Arbeitsvergabe für die Meisterhäuser auf wenige Baubetriebe zu beschränken, scheiterte an der Haltung des Dessauer Unternehmerringes, der eine gleichmäßige Verteilung der Aufträge auf die Baubetriebe der Stadt forderte. So wurde allein der Rohbau der vier Häuser von acht Firmen ausgeführt, u. a. der Anhalter Betonbaugesellschaft, der Dessauer Dachpappenfabrik, dem Verband sozialer Baubetriebe und der Bauhütte Anhalt. Zeit- und Geldersparnis

1 Hesse, Fritz: Erinnerungen an Dessau. Bd. 1: Von der Residenz zur Bauhausstadt. München 1923, S. 212 f.

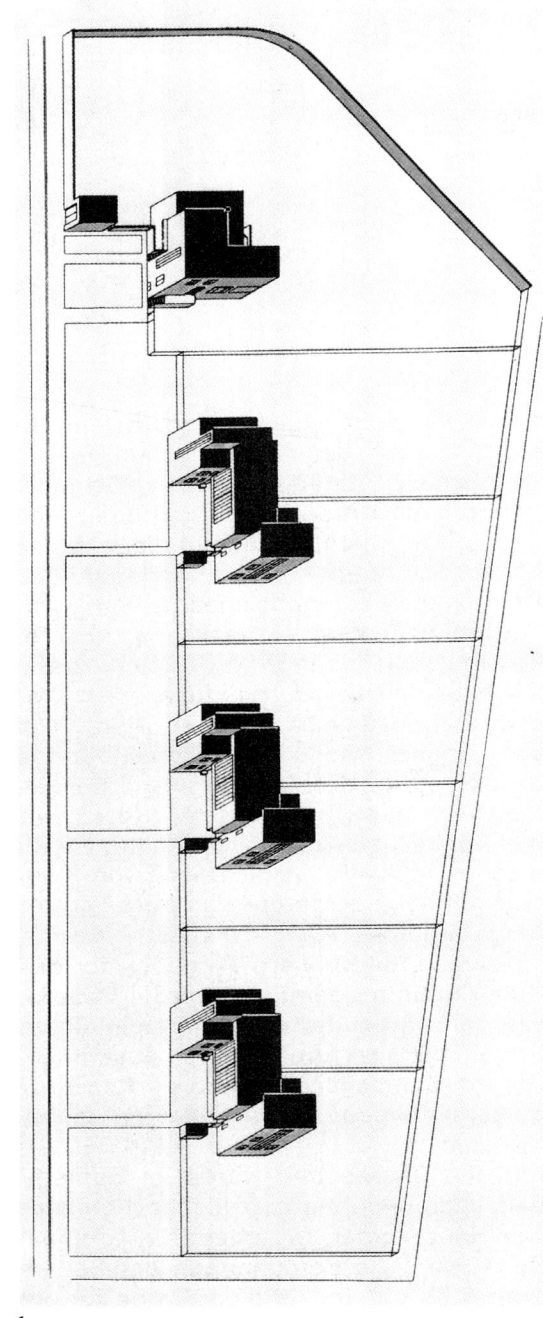

1

durch rationelle Organisation waren so nicht möglich. Am 15. November 1925 fand das Richtfest statt, doch erst im Juli 1926 waren die Häuser bezugsfertig.

Um die Bauten schnell fertigstellen zu können, wurden für das Mauerwerk Jurkoplatten verwendet, das sind Betonplatten aus Schlacken, Sand und Zement, die noch von Hand versetzt werden konnten. Hinzu kamen die bewehrten Betonstürze und Stahlsteindecken. Das Flachdach war mit verlöteten Asphaltplatten auf einer Torfoleumdämmung eingedeckt. Die Baukosten betrugen für das Einzelhaus 69 000 Mark und für ein Doppelhaus 83 000 Mark.[2] Mittel aus der Hauszinssteuer wurden für die Finanzierung nicht verwendet, da diese dem Massenwohnungsbau vorbehalten bleiben sollten. Außerdem wollte sich der Magistrat nicht durch die Bevölkerung vorwerfen lassen, daß er den Wohnungsbau zugunsten des Villenbaus für Bauhausmeister einschränke. Die Häuser blieben im Besitz der Stadt und wurden vermietet. Zur Zeit des Bauhauses wohnten im Einzelhaus (Nr. 1) die Direktoren, nach Walter Gropius auch Hannes Meyer und Ludwig Mies van der Rohe, in Nr. 2 Laszlo Moholy-Nagy und später Josef Albers, in Nr. 3 Lyonel Feininger, in Nr. 4 Georg Muche und dann Hinnerk Scheper, in Nr. 5 Oskar Schlemmer und danach Alfred Arndt, in Nr. 6 Wassily Kandinsky und in Nr. 7 Paul Klee.

Auf dem mit Kiefern bestandenen Grundstück sind die Meisterhäuser in einer Reihe parallel zur Burgkühnauer Allee, doch von dieser um 20 m zurückgesetzt, angeordnet. Das zaunlose, parkartige Vorgelände wird am Einzelhaus durch die an die Straße gerückte Garage und eine Verbindungsmauer zum Haus räumlich abgeschlossen. In Größe und Raumprogramm entsprechen die Wohnungen bürgerlich-mittelständischen Bedürfnissen. Das Einzelhaus Gropius enthält im Souterrain eine Hausmeisterwohnung sowie Heizungs- und Vorratskeller. Im Erdgeschoß befinden sich die Haupträume: Wohnzimmer, Speisezimmer mit Anrichte und Küche, zwei Schlafzimmer, dazu Bad und WC. Sie werden im Obergeschoß durch Gäste- und Mädchenzim-

2 Die Abrechnung vom 22. 12. 1927 wies folgendes aus: Haus Gropius 68 890,56 RM (wobei Gropius die Garage auf eigene Kosten errichten ließ); Haus II 83 238,22 RM; Haus III 83 391,23 RM; Haus IV 82 164,75 RM. Die Gesamtsumme des Ensembles betrug 543 964,73 RM zuzüglich Honorarkosten. Stadtarchiv Dessau, Bauakten Meisterhäuser

2

2 Ansicht der Anlage,
 Zeichnung von
 Carl Fieger

3 Haus Gropius.
 Grundriß des Erdge-
 schosses
   1 Terrasse
   2 Schlafzimmer
   3 Wohnraum
   4 Speiseraum
   5 Flur
   6 Anrichte
   7 Bad
   8 WC
   9 Speisekammer
   10 Küche

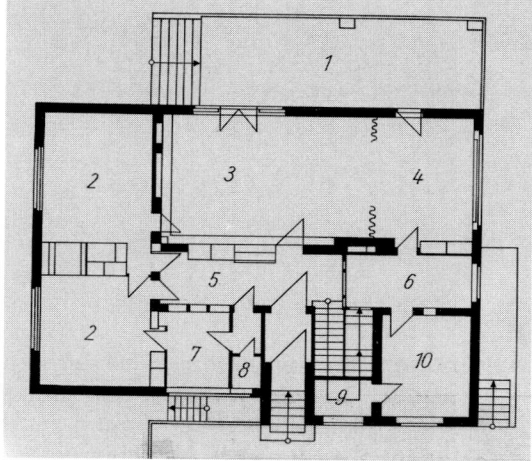

3

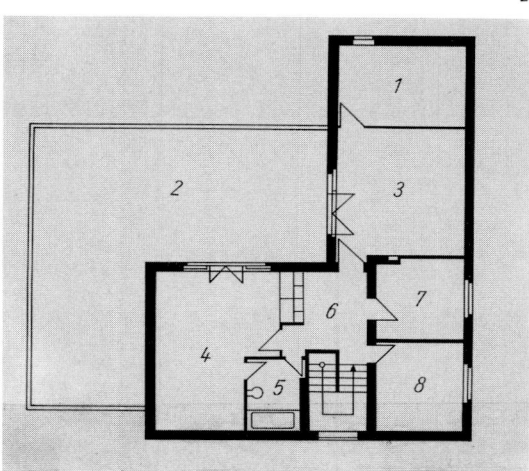

5   4

4 Haus Gropius.
 Grundriß des Oberge-
 schosses
   1 Boden
   2 Dachterrasse
   3 Zimmer
   4 Gast-, Wohn- und
     Schlafzimmer
   5 Bad
   6 Flur
   7 Waschküche
   8 Mädchenzimmer

5 Haus Gropius.
 Isometrie.
 Zeichnung von
 Laszlo Moholy-Nagy

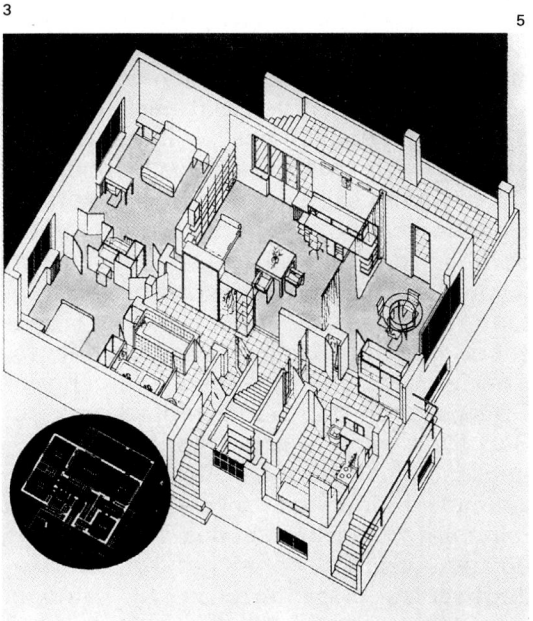

6

6 Haus Gropius.
Ansicht der Garten-
seite

7

Walter Gropius

mer, Waschküche und Bodenraum ergänzt.
Den übrigen Meisterwohnungen liegt ein
einheitlicher Typ zugrunde, der aber
durch die Art der Zusammenfügung zum
Doppelhaus bestimmte Abwandlungen
erfährt. Gropius charakterisiert das
Schema treffend so: »Der Grundriß der
einen der beiden Wohnungen ist das ver-
schränkte, um 90° von Ost nach Süd gedrehte Spiegelbild des Grundrisses der
anderen.«[3] Im Mitteltrakt des Doppelhauses befinden sich, mit den Stirnseiten an-
einanderliegend, unten die Wohnzimmer,
darüber die Ateliers. Die nach vorn
(Osten) und rückwärts (Westen) angefüg-
ten Flügelbauten enthalten im Erdgeschoß Eingang, Treppe, Küche, Anrichte,
Speiseraum und Mädchenzimmer, im
Obergeschoß drei Schlafzimmer und ein
Bad. Den nach Westen gerichteten Flü-
geln ist ein drittes Geschoß mit Gäste-
zimmern aufgesetzt, bei den nach Osten
gerichteten wurde nur das Treppenhaus
um ein Geschoß höher geführt, um den
Zugang zur Dachterrasse zu ermöglichen. Die spiegelbildliche und gedrehte

7 Haus Gropius.
Ansicht der Eingangs-
seite

3 Gropius, Walter:
Bauhausbauten
Dessau. München
1930, S. 86

34

8 Haus Gropius.
Ansicht vom Garten

Lage der Wohnungen verlangt mit Rücksicht auf optimale Besonnung eine unterschiedliche Anordnung von Fenstern, Terrassen und Balkonen, wodurch auf natürliche Weise die sonst gleichbleibenden Grundrisse doch eine gewisse Abwandlung in den Einzelheiten erfahren. So sind die Doppelhäuser ein geradezu virtuoses Beispiel für die Variation eines Grundtyps bei Verwendung gleicher Elemente, mit der Gropius die aus ökonomischen Erwägungen verfolgte serielle Hausproduktion gestalterisch zu individualisieren versuchte.

Die aus dem inneren Zweck entwickelte Massengliederung der Gebäude wird durch sich überlagernde und durchdringende scharfkantige Körperteile bestimmt. Es entstehen mehrfach gestufte und gestaffelte Baukörper in einer kaum statischen, viel eher dynamischen Ausgewogenheit. Bei der Proportionierung herrscht die horizontale Gelagertheit vor, unterstrichen durch scheibenartige Balkone und Verdachungen. Nur die Treppenhausverglasungen setzen vertikale Akzente. Die unterschiedliche Breite der

Fenster ist jeweils aus der Addition eines Einheitsflügelmaßes gewonnen. Das Dunkel der Öffnungen steht in scharfem Kontrast zu den glatt verputzten hellen Wänden. Ein von Alfred Arndt stammender und publizierter Entwurf der farbigen Gestaltung[4] wurde so nicht verwirklicht und war wohl auch mehr Darlegung einer Möglichkeit als für die Ausführung gedacht. Wie bei allen anderen geputzten Gropiusbauten ist das Äußere nur in Weiß, Schwarz und Grauwerten gehalten. Von den weißen Putzflächen setzen sich die schwarzen Fensterrahmen und Türen sowie die dunklen Sockelzonen, Stirnseiten der Balkonplatten und Blechabdeckungen der Dachkanten ab. Durch die Einbettung der Gebäude in den vorhandenen Baumbestand wird die strenge Geometrie der Körper auf wohltuende Weise zur organischen Gestalt des Pflanzenwuchses in Beziehung gesetzt. Der Kontrast von Bau- und Naturform bereichert die ästhetische Wirkung des Ensembles wesentlich.

Bei der inneren Einrichtung der funktionell gut durchdachten Wohnungen

4 Vgl. Offset Buch- und Werbekunst 3 (1926) 7, S. 365

9

10

11

wurde Wert auf die rationelle hauswirtschaftliche Organisation und die Ausstattung mit modernen Haus- und Küchengeräten gelegt (u. a. ist eine von der Firma Junkers gelieferte zentrale Gas-Warmwasserversorgung eingebaut). Auch in dieser Hinsicht galten die Meisterhäuser als Demonstrationsobjekt. Mitglieder des Dessauer Hausfrauenvereins, die von Frau Gropius und Frau Feininger durch die Häuser geführt wurden, waren des Lobes voll über die zweckmäßige und neuartige Gestaltung der Wohnungen.[5] In einem eigens gedrehten Film machten Frauen der Bauhausmeister die Öffentlichkeit mit dem neuen Wohnstil bekannt.[6]

An der Innengestaltung der Meisterhäuser waren die Bauhauswerkstätten in großem Umfang beteiligt. Die Metallwerkstatt fertigte unter Leitung von Moholy-Nagy Beleuchtungskörper, meist nach Entwürfen von Marianne Brandt. Aus der Tischlerei ging ein Teil der Möblierung hervor, und die Werkstatt für Wandmalerei gestaltete die Häuser farbig aus. Kennzeichnend für die Ausstattung sind die weitgehend eingebauten Schränke, einheitlich in allen Wohnungen zwischen Anrichte und Speisezimmer, aber auch in manchen Schlafzimmern und in den Ateliers der Doppelhäuser. Hinzu kamen dann meist die vorhandenen Möbel der Bauhausmeister. Feininger ergänzte die Speisezimmereinrichtung durch von seinem Sohn Andreas in der Bauhaustischlerei angefertigte Möbel. Ähnlich verfuhren vermutlich Schlemmer und Muche, letzterer verwendete im sparsam möblierten Wohnzimmer ein Set aus einer Arbeitstischserie von Breuer. Kandinsky bestellte bei Breuer Schlafzimmer- und Speisezimmermöbel mit der Vorgabe, daß der Kreis als Grundmotiv verarbeitet sein müsse. Da sich Breuer daran hielt, erinnert die Formensprache, namentlich die der Stühle, eher an die Frühphase des Weimarer Bauhauses als an das Industriedesign der Dessauer Zeit. Einzig Gropius und Moholy-Nagy richteten sich vollständig neu ein. Die von Breuer — teilweise zusammen mit Gropius bei dessen eigenem Haus — entworfene Ausstattung beider Wohnungen ist eine der neuen Architekturform kongeniale Innen-

9 Haus Gropius. Tee-Ecke im Wohnzimmer

10 Haus Gropius. Schlafzimmer

11 Haus Gropius. Veranda vor dem Eßzimmer

5 Ein Gang der Hausfrauen zu den Meisterhäusern. In: Anhalter Anzeiger v. 17. 10. 1926
6 Nerdinger, Winfried: Walter Gropius. Berlin 1985, S. 76

36

12 Doppelhaus.
 Zeichnung von
 Konrad Püschel,
 Übung im Technischen
 Zeichnen der Baulehre

13 Doppelhaus. Grundriß
 des Kellers
 1 Kohlenbunker
 2 Heizraum
 3 Keller
 4 Dusche
 5 Trockenraum

14 Doppelhaus. Grundriß
 des Erdgeschosses
 1 Speiseraum
 2 Anrichte
 3 Küche
 4 Wohnraum
 5 Flur
 6 Speisekammer
 7 Windfang
 8 WC
 9 Kammer
 10 Schrank
 11 Terrasse

15 Doppelhaus. Grundriß
 des Obergeschosses
 1 Balkon
 2 Schlafzimmer
 3 Atelier
 4 Bad
 5 Flur
 6 WC
 7 Schrank

7 Zu Breuers Arbeiten
für die Meisterhäuser
vgl. Wilk, Christopher:
Marcel Breuer. Furni-
ture and Interiors. New
York 1981, S. 45–52
8 Wie Anm. 3
9 Vgl. Kandinsky,
Nina: Kandinsky und
ich. München 1976,
S. 116 ff. – Ein von
Kandinsky gemeinsam
mit Vladas Svipas erar-
beiteter, aber nicht
ausgeführter Farbent-
wurf für das Atelier
Kandinsky ist veröf-
fentlicht in: Platz,
Gustav Adolf: Die Bau-
kunst der neuesten
Zeit. Berlin 1927, Farb-
tafel XX – Von Fritz
Kuhr gibt es einen
Farbplan für das Atelier
Paul Klee (Bauhaus-
Archiv Berlin), der so
ausgeführt wurde;
abgebildet in: Paul
Klee als Zeichner
1921–1933. Berlin 1985,
S. 156
10 Muche, Georg:
Blickpunkt. Sturm,
Dada, Bauhaus,
Gegenwart. München
1961, S. 155 f.

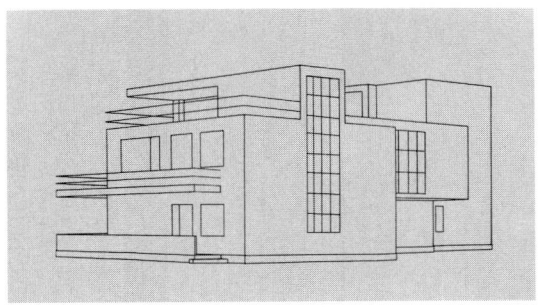

12

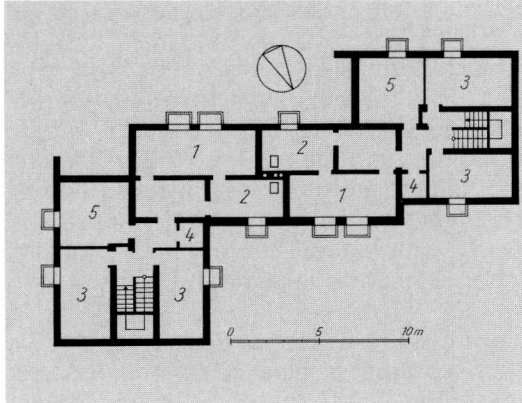

13

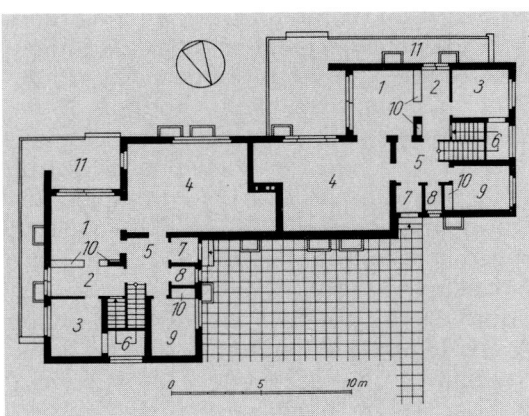

14

15

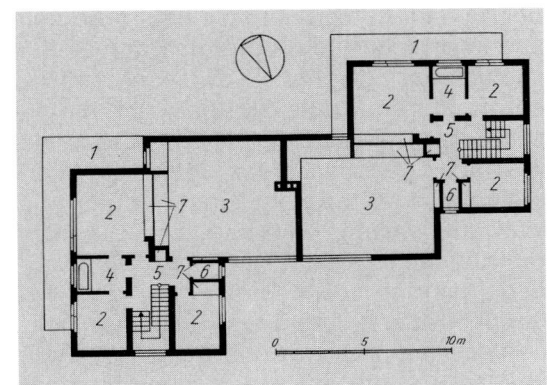

gestaltung. In großer Variation enthalten die Häuser eingebaute Wandschränke, kastenförmige Behältnismöbel, Klub-, Eß- und Arbeitstische sowie Sitz- und Liegemöbel in Holz und Stahlrohr. Einzelne Typen der Stühle und Hocker wurden auch im Bauhausgebäude verwendet und später in Serie produziert.[7] Die Ensemblewirkung dieser neuartigen, durch Zweckmäßigkeit und Sachlichkeit geprägten Interieurs beruhte wesentlich auch auf der farbigen Behandlung von Möbel und Raum. Mit der Farbgestaltung sollte, wie Gropius schrieb, die räumliche Organisation innerhalb der Wohnung betont und gleichzeitig Abwechslung in der Wirkung an sich gleicher Räume geschaffen werden.[8] Zum Einsatz kamen Mineralfarben in den Tönen weiß, gelb, rosa, hellgelblich-rosa, orange, rot, englischrot, hellgrau, dunkelgrau, blau, dunkelbraun und schwarz. Bei der Farbgestaltung konnten die Bauhausmeister ihre eigenen Vorstellungen verwirklichen. Leider sind kaum Entwürfe überliefert, und aus den Beschreibungen läßt sich nur ein bruchstückhaftes Bild gewinnen.[9] Eine für die Ausmalung von Wohnungen oft ungewöhnliche Farbwahl erregte naturgemäß das Interesse der Zeitgenossen besonders. In Kandinskys Wohnung gab es eine teilweise mit Blattgold ausgelegte Nische im hellrosa gestrichenen Wohnraum und völlig in Schwarz gehaltene Wände des Speisezimmers, in dem schwarz-weiße Möbel standen. Einen schwarzen Anstrich hatte Breuer auch dem Schlafzimmer von Georg Muche gegeben, für den dieser allerdings wenig Begeisterung empfand.[10] Doch war die Farbgestaltung der Meisterwohnungen nicht in erster Linie durch das Außergewöhnliche oder gar Abseitige geprägt.

16

17

18

19

Walter Gropius

16 Doppelhaus.
Ansicht von Norden

17 Doppelhaus.
Ansicht von Süden

18 Doppelhaus.
Ansicht von Süd-
westen

19 Doppelhaus.
Heutiger Zustand

Max Osborn, ein Augenzeuge, faßt seine Eindrücke — wie uns scheint treffend — dahingehend zusammen, daß die Farbintentionen nicht beim bloß Originellen stehenbleiben, sondern »sich zu einer hellen, unsentimentalen, reinlichen, ungemein wohltuenden Umrahmung menschlichen Daseins« verbanden.[11]

Die neuen Häuser bedeuteten für die Bauhausmeister eine beträchtliche Verbesserung ihrer Wohn- und Arbeitsbedingungen. Und das ist von ihnen wohl auch so begriffen worden, trotz manch vorheriger Skepsis gegenüber dem ungemein großzügigen Angebot eines neuartigen Wohnmilieus, das nicht geringe finanzielle Aufwendungen erforderte. Die jährliche Miete für das Einzelhaus betrug 2 500 RM, die für eine Wohnung in den Doppelhäusern 1 500 bzw. 1 650 RM. Hinzu kamen hohe Heizungskosten, beim Einzelhaus rund 1 000 RM pro Heizperiode. Doch spricht aus verschiedenen Äußerungen der Bewohner durchaus Zufriedenheit mit der neuen Behausung.[12] Hannes Meyer blieb gegenüber den großen Wohnungen reserviert und hätte lieber in einem von ihm selbst gebauten »hauswirtschaftlich vereinfachten« Versuchshaus gewohnt.[13] Und Schlemmer empfand gar soziale Skrupel: »Ich bin erschrocken, wie ich die Häuser, das erste ist hoch, gesehen habe! Hatte die Vorstellung, hier stehen eines Tages die Wohnungslosen, während sich die Herren Künstler auf dem Dach ihrer Villa sonnen«, schrieb er an seine Frau.[14] Aus Tagebuchnotizen von Ise Gropius geht hervor, daß auch Studierende des Bauhauses und die nun leer ausgegangenen

11 Osborn, Max: Das neue »Bauhaus« (Bauhaus-Gebäude und Meisterhäuser). In: Vossische Zeitung v. 4. 12. 1926. Zitiert nach Wingler, Das Bauhaus, S. 134
12 Vgl. z. B. Brief Feiningers an seine Frau v. 2. 8. 26, abgedruckt bei Wingler, Hans-Maria: Das Bauhaus 1919–1933 Weimar Dessau Berlin und die Nachfolge in Chicago seit 1937, Bramsche 1962, S. 130 und die Erinnerungen Nina Kandinskys, wie Anm. 9
13 Meyer, Hannes: Bauen und Gesellschaft. Dresden 1980, S. 44
14 Schlemmer, Oskar: Briefe und Tagebücher, hrsg. v. Tut Schlemmer. München 1958, S. 188

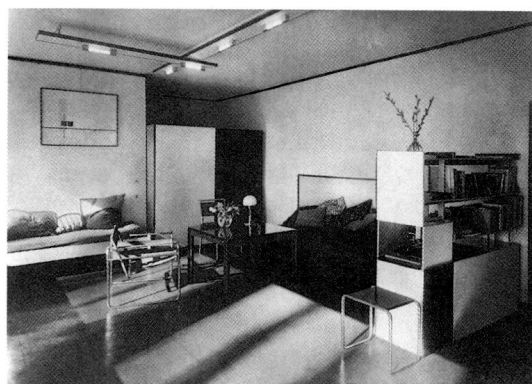

20 Doppelhaus. Eßzimmer in der Wohnung Moholy-Nagy. Ausstattung von Marcel Breuer

20

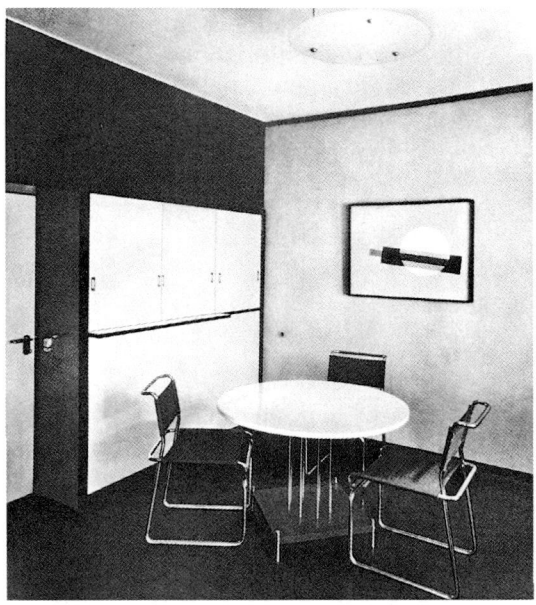

21 Doppelhaus. Wohnzimmer in der Wohnung Moholy-Nagy. Ausstattung von Marcel Breuer

21

15 Vgl. Nerdinger, wie Anm. 6

»Jungmeister« von den Häusern nicht angetan waren und sie als unsozial und formalistisch kritisierten.[15] Es ist möglich, daß Breuers Entwurf der BAMBOS-Häuser (vgl. S. 78), die der Unterbringung von fünf Jungmeistern dienen sollten, in diesem Zusammenhang entstanden ist.

Für die Instandhaltung der Meisterhäuser war Arieh Sharon, später Hans Volger verantwortlich. Bauliche Mängel traten verschiedentlich zutage, hauptsächlich bei den Stahlfenstern, aber auch bei der Dämmung und der Installation. Die raumhohen Atelierfenster wurden bald mit einer Brüstung aus Eternitplatten versehen und, im Hause Scheper, da sie undicht waren, fest zugekittet. Nach dem Auszug der Bauhausmeister 1932/33 wurden die Atelierverglasungen durch kleinere, in der Teilung an die übrigen angeglichene Fenster ersetzt und die Stahlrahmen der vorhandenen Fenster nach und nach gegen hölzerne ausgetauscht.

Im Jahre 1939 verkaufte die Stadt die Häuser an die Junkerswerke. Anfang 1945 führte ein Luftangriff zur Zerstörung des Einzelhauses und der einen Hälfte des daneben gelegenen Doppelhauses. In drei der erhaltenen und zurück in den Besitz der Stadt gelangten Häuser wohnten für kurze Zeit wieder Künstler. Man dachte daran, die Ateliers wiederherzustellen. Doch Dessau war zu 80 % zerstört. Der große Wohnungsbedarf machte die Aufteilung der geräumigen Häuser unter mehrere Familien nötig. Das hatte innere Umbauten und den teilweisen Ausbau von Terrassen zu Wohnungen zur Folge. Durch zusätzliche Schornsteine für die nun verwendete Ofenheizung erlitt auch das Äußere Veränderungen. Auf dem erhalten gebliebenen Souterrain des Einzelhauses wurde 1956 ein traditionelles Wohnhaus mit steilem Dach errichtet, das die Abteilung Allgemeinmedizin der Poliklinik Dessau beherbergte.

So haben die Meisterhäuser ihre ursprüngliche Gestalt völlig verloren, und der heutige Zustand läßt schwerlich Schlüsse auf ihren baukünstlerischen Rang zu, den Zeitgenossen und nachfolgende Bauhistoriker bei aller kritischen

Wertung doch anerkannten. In der Fachpresse wurde damals ziemlich einheitlich die hohe gestalterische Qualität der Häuser, namentlich die des Gropiusschen Hauses, hervorgehoben. Ein Moskauer Architekt war nach der Besichtigung beeindruckt von den neuen harmonischen Formen, von der Lichtfülle, der Logik der Grundrisse und der ausgesuchten Einfachheit der Möblierung.[16] Adolf Behne verwies auf die »knappen, technisch gehaltenen Raumordnungen« und die gezeigte »unsentimentale Unbürgerlichkeit«.[17] Max Osborn stellte fest, daß die Häuser im Vergleich zu dem »orthodox-puritanisch« und »bös ungemütlich« wirkenden Weimarer Versuchshaus des Bauhauses von 1923 nun in Raumgestaltung und Inneneinrichtung Wohnlichkeit, Behagen und Komfort angenommen hätten.[18] Und Lyonel Feininger bezeichnete das Gropius-Haus schlicht als »Schöpfung«, als eine neuartige bauliche Leistung.[19] Andererseits wurde aber auch der in den Häusern versinnbildlichte »neue Baugeist« als zu einseitig verstandesmäßig bestimmt in Frage gestellt. Die Meisterhäuser, schrieb Erich Blunk, seien zwar technisch interessant und lehrreich hinsichtlich ihrer Inneneinrichtung, doch fehle ihnen das Melodische.[20] Hannes Meyer bezeichnete die Meisterhäuser als »geistvolle neoplastische Gebilde«, als »vom Leben erfüllte Plastik«. Dieses Bauen sei als Experiment nötig, eigne sich aber nicht für die Vervielfältigung.[21] Der dänische Architekt S. E. Rasmussen schrieb: »Die weißen Kuben mit Spiegelglasfenstern und Schiffsbrücken zwischen den senkrechten Bäumen finde ich entzückend. Reizend sind sie anzuschauen, aber als Häuser?! Dort wohnen und die Heizung bezahlen?! Das möchte ich nicht gern!«[22]

Unter den von Walter Gropius entworfenen Einfamilienhäusern nehmen die Dessauer Meisterhäuser einen besonderen Platz ein. Gegenüber ihren Vorgängern wie dem Haus Auerbach in Jena oder dem Entwurf für das Sommerhaus von Klitzing lassen sie eine architektonische Qualität erkennen, die auch bei den unmittelbar folgenden Wohnhäusern, dem Haus Zuckerkandl in Jena und dem Haus Lewin in Berlin-Zehlendorf nicht wieder erreicht worden ist. Die angestrebte Funktionalität und Sachlichkeit des modernen Wohnmilieus ist in Dessau am überzeugendsten in neue Form gebracht. Gropius beschrieb seinen Ausgangspunkt so: »Der Willkür der Stile sind wir satt geworden, von der Laune zur Regel geschritten und suchen nun in klaren, knappen und einfachen Formen, die der Art unseres heutigen Lebens entsprechen, den wesentlichen und sinnvollen Ausdruck unserer häuslichen Umgebung.«[23] Die Meisterhäuser sind Inkarnation dieser Gestaltungskonzeption. Insofern waren sie auch Demonstration wesentlicher künstlerischer Ziele der Bauhausarbeit, dies freilich nur im begrenzten sozialen Kontext der mittelständischen Individualwohnung.

16 Volkov, N.: Stroitel'stvo v Dessau. In: Stroitel'naâ promišlennost' (1927) 12, S. 846f.
17 Behne, Adolf: Das Bauhaus in Dessau. In: Fachblatt für Holzarbeiter (1927) S. 34
18 Wie Anm. 11
19 Wingler, wie Anm. 12
20 Blunck, Erich: Das Bauhaus in Dessau. In: Deutsche Bauzeitung 61 (1927) 17, S. 159
21 Wie Anm. 13, S. 56
22 Rasmussen, Steen Eiler: Neuzeitliche Baukunst in Berlin. In: Wasmuths Monatshefte für Baukunst 12 (1928) 12, S. 538
23 Wie Anm. 3, S. 144

1

1 Bauhausgebäude.
 Westseite des Berufsschul-
 und Werkstättenflügels

2

3

2 Bauhausgebäude.
Ecke des Werkstätten-
traktes

3 Bauhausgebäude.
Berufsschultrakt mit Bau-
hausplatz von Südwesten

42

4

5

4 Bauhausgebäude.
  Aula, Blick zum Eingang

5 Bauhausgebäude.
  Vestibül und Treppe
  im ersten Obergeschoß

6 Häuser
für die Bauhausmeister.
Entwurf zur Farbgestaltung
von Alfred Arndt

6

7 Siedlung Dessau-Törten.
  Konstruktionsschema des
  Typs 1926

8 Siedlung Dessau-Törten.
  Typ II

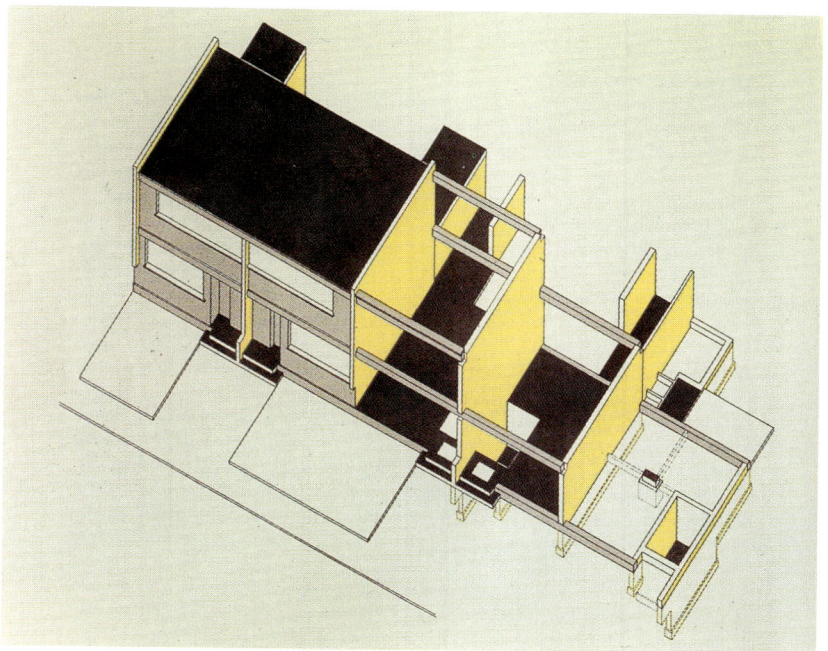

7

8

9

9 Gebäude des Konsum-
vereins in der Siedlung
Dessau-Törten.
Ansicht von Osten

10 Entwurf
   für ein Metall-Klein-
   haus von Marcel
   Breuer. 1925

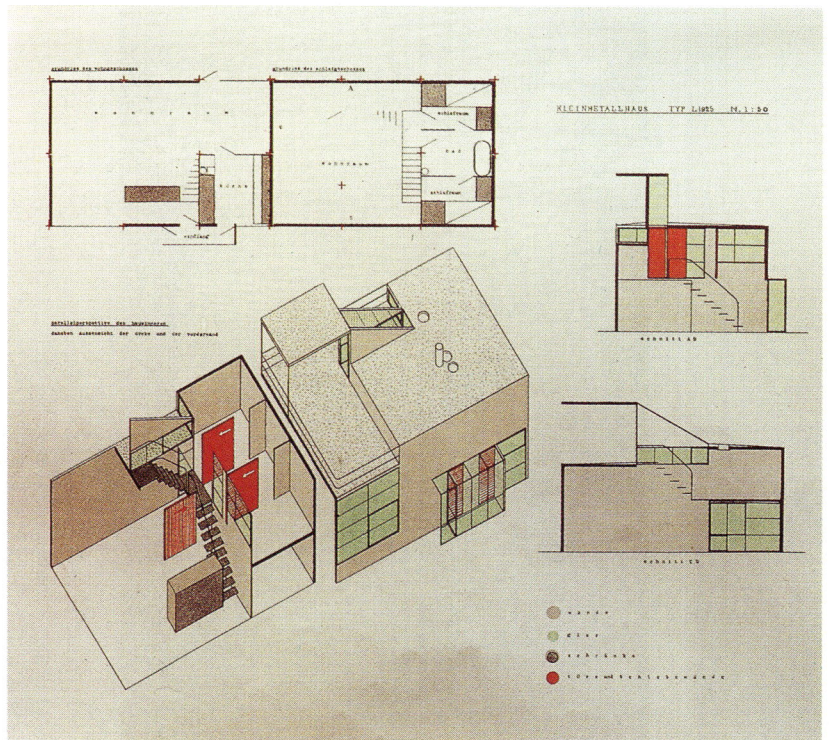

10

11

11 Entwurf
   für ein Kleinhaus.
   Grundrisse und
   Isometrie

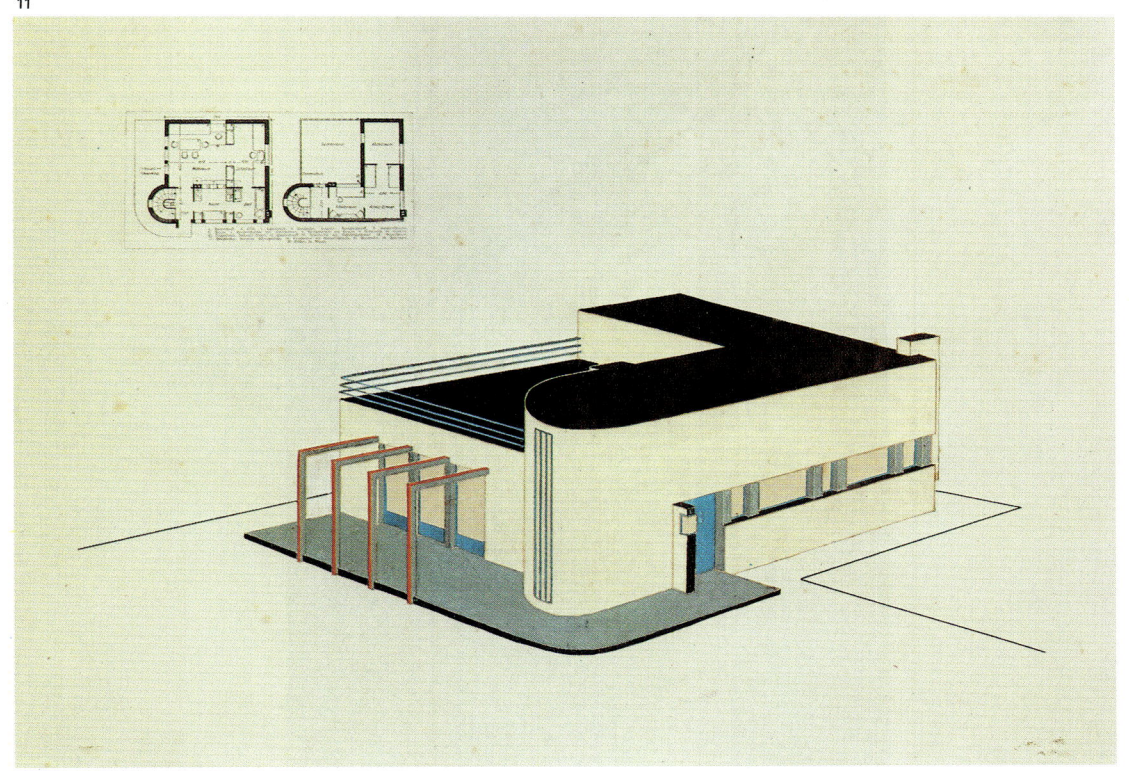

47

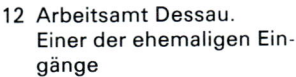

12

13

14

12 Arbeitsamt Dessau.
Einer der ehemaligen Ein-
gänge

13 Arbeitsamt Dessau.
Blick in den ringförmigen
Flur

14 Laubenganghäuser
in der Siedlung Dessau-
Törten. Ansicht der
Südseite

Siedlung Dessau-Törten

Bauzeit: 1926–1928
Auftraggeber: Stadt Dessau
Entwurf: Walter Gropius

Der Siedlungsbau in Dessau-Törten bedeutete für Gropius ein erstmaliges Aufgreifen der brennenden Probleme des Massenwohnungsbaus. Wohl war 1914 nach seinem Projekt in Wittenberge eine Arbeiter-Eigenheimkolonie mit 44 Häusern gebaut worden, doch stand unter den veränderten gesellschaftlichen Bedingungen der Weimarer Republik die Aufgabe des Arbeiterwohnungsbaues im Grunde nun neu. Gropius stellte sich ihr in der Komplexität aller damit verbundenen sozial-kulturellen, technisch-ökonomischen und architektonisch-gestalterischen Aspekte.

Auftraggeber für die Siedlung in Törten war die Stadt Dessau. Sie ließ dort Einfamilienhäuser bauen, um sie anschließend als Heimstätte zu verkaufen. Nach dem Reichsheimstättengesetz von 1920 bedeutete »Wohnheimstätte« ein zweck- und preisgebundenes, auch besonders geschütztes Eigentum an einem Einfamilienhaus. »Das Reichsheimstättenrecht schafft *dauernd gesicherte* Wohnstätten für deutsche Familien«,[1] schrieb Adolf Damaschke, einer der geistigen Väter der Heimstättenbewegung, die den finanziell Schwachen durch eigenen Besitz Zugang zum Boden und zur angemessenen Wohnung verschaffen wollte. Die Sozialdemokraten sahen damals auf ähnliche Weise im Eigenheim mit Garten den Weg zur Lösung des Wohnungsproblems der arbeitenden Klassen und befürworteten die sozialreformerischen Ziele der Heimstättenbewegung, in Dessau insbesondere durch ihren Landtagspräsidenten, Reichstagsabgeordneten und Stadtverordneten Heinrich Peus.[2] Der Törtener Siedlungsplan war in diesem Sinne von

1 Wasmuths Lexikon der Baukunst. Bd. 3, Berlin 1931, S. 82. Vgl. auch Bd. 4, Berlin 1932, S. 155
2 Peus, Heinrich: Unser Dessauer Heimstättenbau. In: Volksblatt für Anhalt v. 7. 12. 1926

49

1 Luftaufnahme
der Reihenhaus-
siedlung 1926–1928

1

Anfang an auf das Kleinhaus mit Garten festgelegt und dem Architekten die rationelle Bebauungsform des Einfamilienreihenhauses vorgegeben.

Am 25. Juni 1926 stimmte der Gemeinderat in einer öffentlichen Sitzung einer Vorlage des Magistrats über den Bau von 60 Eigenheimen unter Heimstättenrecht nach dem von Walter Gropius ausgearbeiteten Projekt zu.[3] Die Bauarbeiten begannen im September, und bereits zur Eröffnung des Bauhausgebäudes Anfang Dezember konnten zwei Häuser besichtigt werden. Im Frühjahr 1927 waren insgesamt 58 von den ursprünglich geplanten 60 Häusern fertiggestellt (sie bildeten den ersten Bauabschnitt der Siedlung). Da die Nachfrage nach derartigen Siedlungshäusern groß war, entschloß sich die Stadt zur Fortsetzung des Vorhabens. Am 11. Mai 1927 faßte der Dessauer Gemeinderat einen Beschluß zum Bau weiterer 100 Häuser (zweiter Bauabschnitt) und bestätigte auch den inzwischen von Gropius ausgearbeiteten Gesamtplan für die Bebauung des Geländes. Schließlich billigte der Gemeinderat am 17. Februar 1928, kurz nach der Bekanntgabe des Rücktritts von Gropius als Bauhausdirektor, die Inangriffnahme eines dritten Bauabschnittes mit 156 Wohnungen, der im gleichen Jahr zum Abschluß kam. So wurden in Dessau-Törten nach dem Entwurf von Walter Gropius und unter dessen Gesamtverantwortung für Projektierung und Bauführung von 1926 bis 1928 in drei Bauabschnitten 314 Siedlungshäuser gebaut. Gleichzeitig entstand ein fünfgeschossiges Wohnhaus mit angebautem Laden für die Konsumgenossenschaft (s. S. 65).

Finanziert wurden die Häuser durch Hypotheken aus Anleihemitteln der Stadt, des Reiches und der Hauszinssteuer. Eine mit besonderem fachlichem Interesse verbundene finanzielle Unterstützung gab die Reichsforschungsgesellschaft für Wirtschaftlichkeit im Bau- und Wohnungswesen für die Bauabschnitte 1927 und 1928. Die Gesellschaft war im Juni 1927 gegründet und mit einem 10-Millionen-Fonds ausgestattet worden, um zum Zwecke der Verbilligung des Kleinwohnungsbaus bautechnische Forschungen und Versuchsbauten durchzuführen. Auf ihre Veranlassung gewährte das Reich der Stadt Dessau — vertraglich geregelt erst am 1. Februar 1928 — ein Darlehen von 350 800 RM mit der Maßgabe, davon 256 000 RM für Hypotheken (1 000 RM je Haus), 44 800 RM für Versuche und Untersuchungen und 50 000 RM für die Beschaffung besonderer Baumaschinen zu verwenden. Neben dem Frankfurter Plattenbau von Ernst May, der Weißenhof- und Kochenhofsiedlung in Stuttgart sowie einer Siedlung in München gehörte die Törtener Siedlung zu den ersten großen Versuchsvorhaben der Reichsforschungsgesellschaft.[4] Das hob sie in der Bedeutung über den lokalen Rahmen hinaus, rückte sie aber und vor allem ihren Architekten — wie noch zu zeigen sein wird — sogleich auch in das Schußfeld politischer Auseinandersetzungen auf Reichsebene.

Bezüglich Preis und Größe der zu schaffenden Häuser galt der damals übliche

3 Vgl. Peus, Heinrich: Wir und das Bauhaus. In: Volksblatt für Anhalt v. 26. 6. 1926
4 Über Gründung und Aufgaben der Reichsforschungsgesellschaft für Bau- und Wohnungswesen vgl. Deutsche Bauzeitung 61 (1927), Beilage Bauwirtschaft und Baurecht, S. 63, 89–94 – Zu Dessau-Törten vgl. Reichsforschungsgesellschaft für Wirtschaftlichkeit im Bau- und Wohnungswesen: Bericht über die Versuchssiedlung in Dessau. Sonderheft Nr. 7 der Reichsforschungsgesellschaft, April 1929, v. H. Kammler und O. Meyer-Ottens

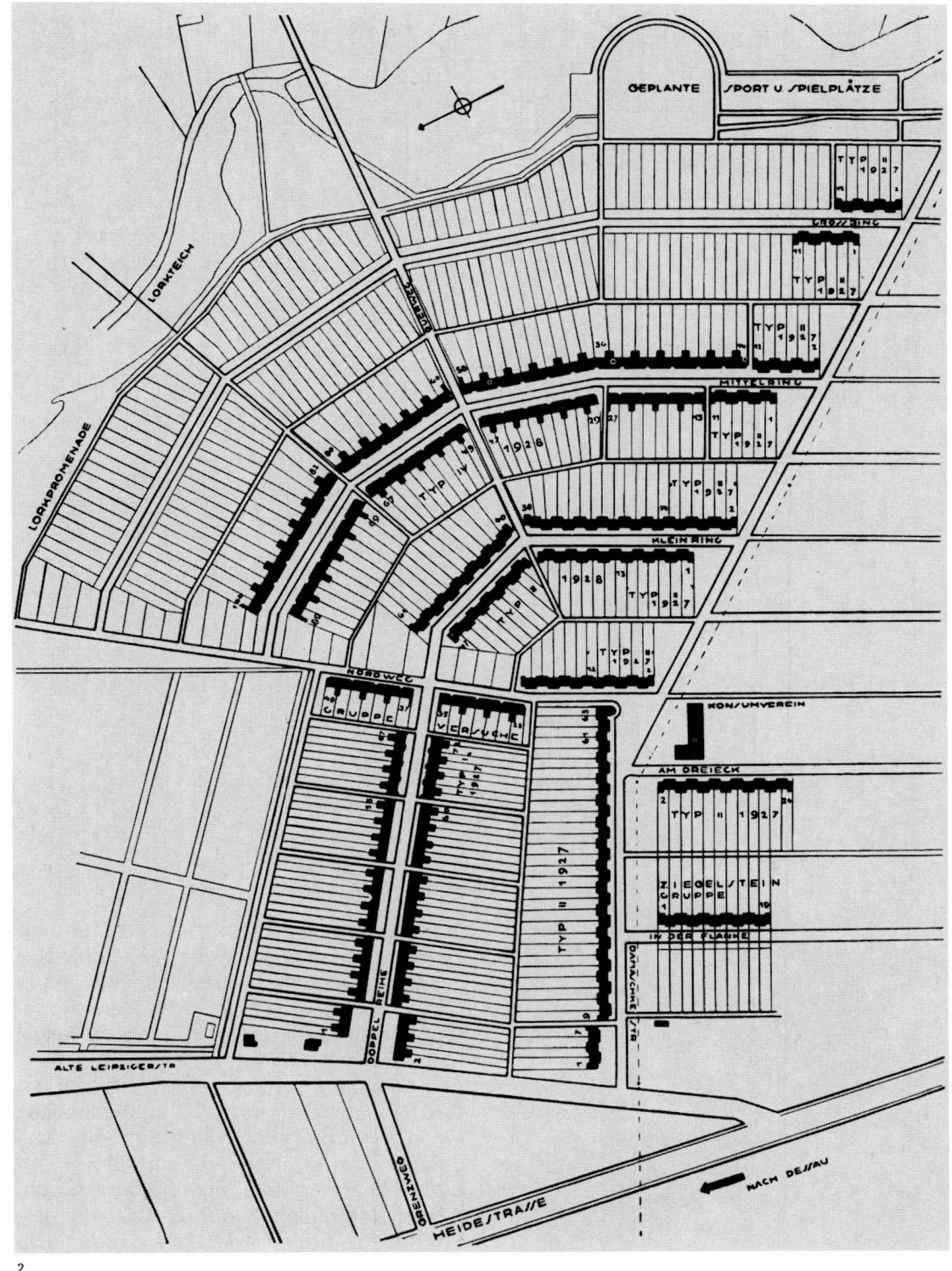

2

51

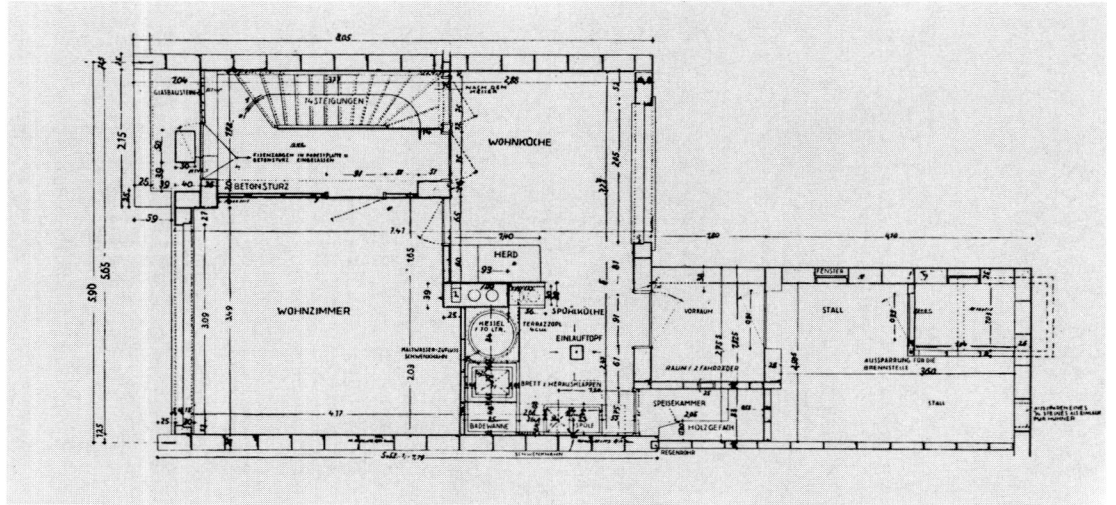

3

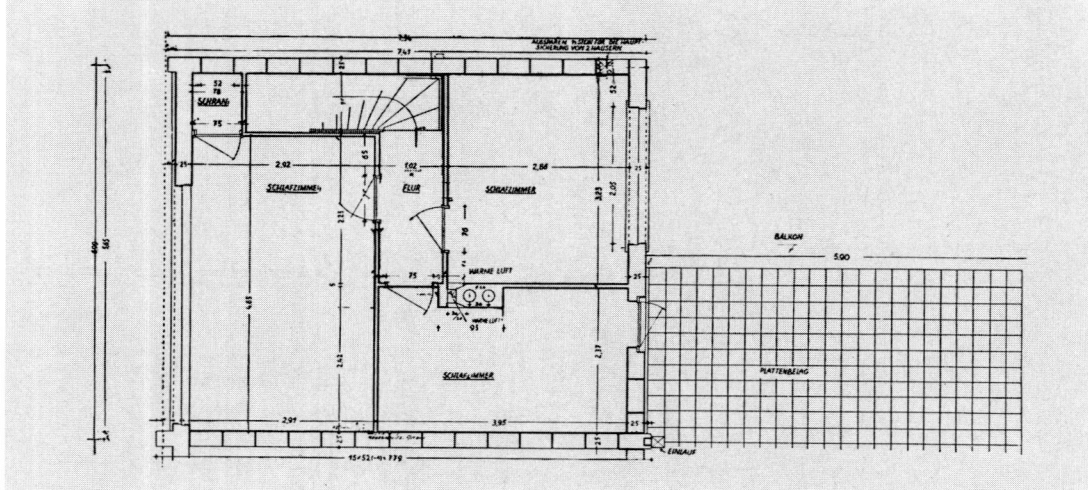

4

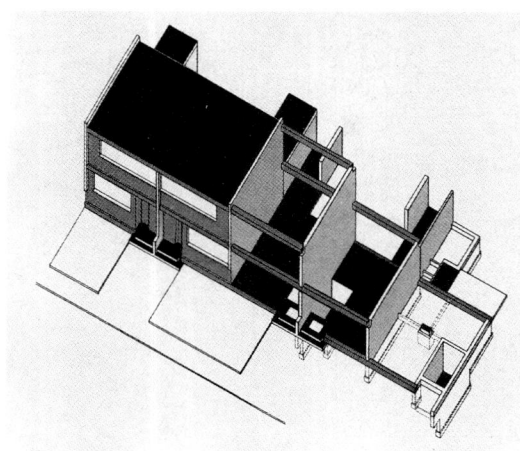

5

3 Typ 1926. Grundriß
des Erdgeschosses

4 Typ 1926. Grundriß
des Obergeschosses

5 Konstruktionsschema
für den Typ 1926
in der Doppelreihe

Durchschnittswert von 10 000 RM für eine 70 m² große Wohnung als Richtzahl. Der schließliche Abgabepreis für ein Haus war unterschiedlich je nach dem Haustyp. Die Abrechnungen zogen sich lange hin, und man findet in Veröffentlichungen zuweilen unterschiedliche Angaben. Ein Haus des ersten Bauabschnittes (74 m²) wurde nach dem aus der Kalkulation ermittelten Verkaufspreis von 9 200 RM abgegeben, obwohl die tatsächlichen Kosten nach der Endabrechnung um 430 RM höher lagen (sie wurden von der Stadt getragen). Gropius begründete die Mehrkosten mit einer Vermehrung der Baumassen durch teilweise größere Fundamente, mit geländebedingten nötigen Aufschüttungen und Verwendung hochwertigen Zements aufgrund frühen

6 Straßenansicht
des Typs 1926 in
der Doppelreihe

6

7 Mustermöblierung
eines Wohnzimmers
im Typ 1926

8 Mustermöblierung
der Küche im
Typ 1926

7

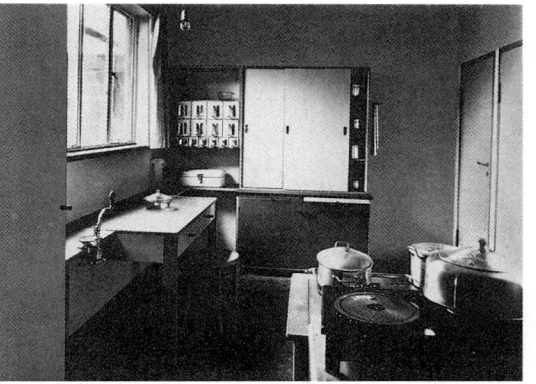

8

9 Die Spülküche
im Typ 1926

5 Das Törtener Sieddlungs- und Heimstätttenprogramm. In:
Volksblatt für Anhalt v.
7. 2. 1928
6 Enttäuschte Siedlerhoffnung. In: Volksblatt für Anhalt v.
10. 1. 1928 – Der Preis
der Siedlungshäuser.
In: Anhalter Anzeiger
v. 13. 1. 1928
7 Die Bauhaussiedlungen. In: Anhalter
Anzeiger v. 5. 2. 1928

Frostes.[5] Der Preis für die Häuser des
2. Bauabschnittes betrug 10 600 RM. Das
wurde kurzfristig vor dem Verkauf bekanntgegeben und rief heftige Proteste
der Hausanwärter und der übrigen Bevölkerung gegen diese Preissteigerung bei
den im Vergleich zum ersten Bauabschnitt in der Größe nicht veränderten
Häusern hervor.[6] Gropius begründete
den höheren Preis aus der Erhöhung der
Anliegerkosten um über 400 RM – eine
von ihm vorgeschlagene billige Straßenbefestigung sei vom Stadtbauamt abgelehnt worden – und aus den um 12,4 %
gestiegenen Baupreisen.[7] Doch entwikkelte nun Gropius – um im Limit der Baukosten zu bleiben – für den 3. Bauabschnitt einen minimierten Haustyp von
57 m². Er wurde zum Preis von 9 500 RM
verkauft.

9

53

Die von Gropius gehegte Absicht, das Siedlungsvorhaben in der Umgebung des Bauhausgebäudes verwirklichen zu können, scheiterte an den dort zu hohen Grundstückspreisen. So wurde das von der Stadt günstig aus Staatsbesitz für Siedlungszwecke erworbene Gelände nahe dem 1923 eingemeindeten Dorf Törten als Standort gewählt. Hier brauchte der spätere Käufer eines Siedlungshauses für den Quadratmeter Boden nur 0,80 RM zu zahlen. Der Siedlungsplan ist ganz durch die rationelle Parzellierung des vom Lorkbach östlich, von einer Hochspannungsleitung südlich und von der Hauptstraße westlich begrenzten Geländes bestimmt. Die Zeilen der zweigeschossigen Reihenhäuser sind spiegelbildlich beiderseits der teils geraden, teils gebogenen Straßen angeordnet. Dahinter liegen die schmalen und tiefen Gartengrundstücke. Einziger städtebaulicher Akzent ist das fünfgeschossige Wohnhaus des Konsumvereins, dem als Flachbau Läden angefügt sind. Der davor liegende Platz und die platzartigen Straßenerweiterungen am Eingang zur Doppelreihe und zur Damaschkestraße bilden die einzigen Ansätze zur räumlichen Differenzierung des auf gleichförmigen Straßen beruhenden Planschemas. Die Masten der Starkstromleitung schaffen zusätzliche städtebauliche Kontrastpunkte. Als ästhetische Ergebnisse des modernen technischen Zeitalters wurden sie bewußt in die gestalterische Konzeption einbezogen. Im übrigen sieht man der städtebaulichen Lösung ihre stufenweise Ausarbeitung an. Die Doppelreihe war nur in sich, ohne Zusammenhang mit einem Gesamtplan, angelegt worden. Ihre städtebaulich-räumliche Anbindung an die weiterführende Konzeption im Bereich Nordweg und Kleinring ist wenig überzeugend. Kritisch vermerkte die Reichsforschungsgesellschaft in ihrem Bericht, daß die gewählte Straßenführung für einen Teil der Wohnungen in den Ringstraßen keine optimale Besonnung gewährleistet, was sogar mehr noch für die südliche Seite der Doppelreihe zutrifft, deren Wohnräume ebenso nach Nordosten liegen. Gropius entschuldigte das mit der Eigenart des Geländes, aus der sich die Aufteilung zwangsläufig ergeben habe,[8] worüber man sicher geteilter Meinung sein kann.

Obgleich offiziell als »Stadtsiedlung« bezeichnet, begriff Gropius Törten als »halbländliche Siedlung«. Er ging davon aus, daß die Bewirtschaftung des 350 bis 400 m² großen Gartengrundstücks durch Gemüseanbau und Kleintierhaltung jährlich einen Ertrag von etwa 100 RM erbringt, was indirekt einer Senkung der Miete gleichkäme.[9] Diese Konzeption war von nicht geringem Einfluß auf Grundrißbildung und Anlage der Häuser. Sie bedingte den Stallanbau, das außerhalb der Wohnung liegende Trockenklosett zur Ausnutzung der Fäkalien im Garten und die Ausrichtung des Küche-Wirtschaftsbereiches zum Garten, woraus sich — mit Ausnahme beim Typ IV — die Lage des Wohnzimmers zur Straße ergab. Kanalisiert wurden in der Siedlung nur die Küchen-, Dach- und Straßenabwässer.

Gropius entwarf drei Grundtypen mit teilweisen Variationen, so daß die ausgeführten Häuser insgesamt fünf verschiedene Lösungen aufweisen.[10]

1. Typ I aus dem Jahre 1926 (angewendet in der Doppelreihe) hat im Erdgeschoß ein Wohnzimmer, eine Wohnküche mit separat angeordneter Spül-, Wasch- und Badegelegenheit sowie Speisenkammer, Stall und Abort im niedrigen Anbau zum Garten hin. Das Obergeschoß enthält drei Schlafräume und eine Terrasse über dem Anbau. Bei nur 5,90 m Hausbreite hat der Typ 74 m² Fläche.

2. Der Typ I aus dem Jahre 1927 (I, 2), angewendet in Fortsetzung der Doppelreihe, unterscheidet sich davon nur durch die veränderte Eingangslösung und die etwas größere Fläche von 75,88 m².

3. Bei dem winkelförmigen Haus des Typs II, ebenfalls aus dem Jahre 1927 (Am Dreieck, Nordweg, Klein-, Mittel- und Großring, Damaschkestraße), ist das übliche Raumprogramm durch einen Abstellraum (»Boden«) im Erdgeschoß und ein Bad im Obergeschoß ergänzt. Die Hausbreite beträgt 7,80 m, die Fläche 70,5 m².

4. Der Typ II wurde auch in einer Ziegelsteinvariante gebaut (In der Flanke),

8 Bericht über die Versuchssiedlung, wie Anm. 4, S. 23
9 Die Gropiushäuser im Süden der Stadt. In: Volksblatt für Anhalt v. 26. 10. 1926
10 Im Bericht der Reichsforschungsgesellschaft erhielten die Typen Nummern, wobei aber — unbekannt warum — die Ziffer Drei ausgelassen wurde. Auch in Gropius Publikationen taucht diese Zahl nicht auf.

10 Typ I, 2. Grundrisse,
   Ansichten und
   Schnitt

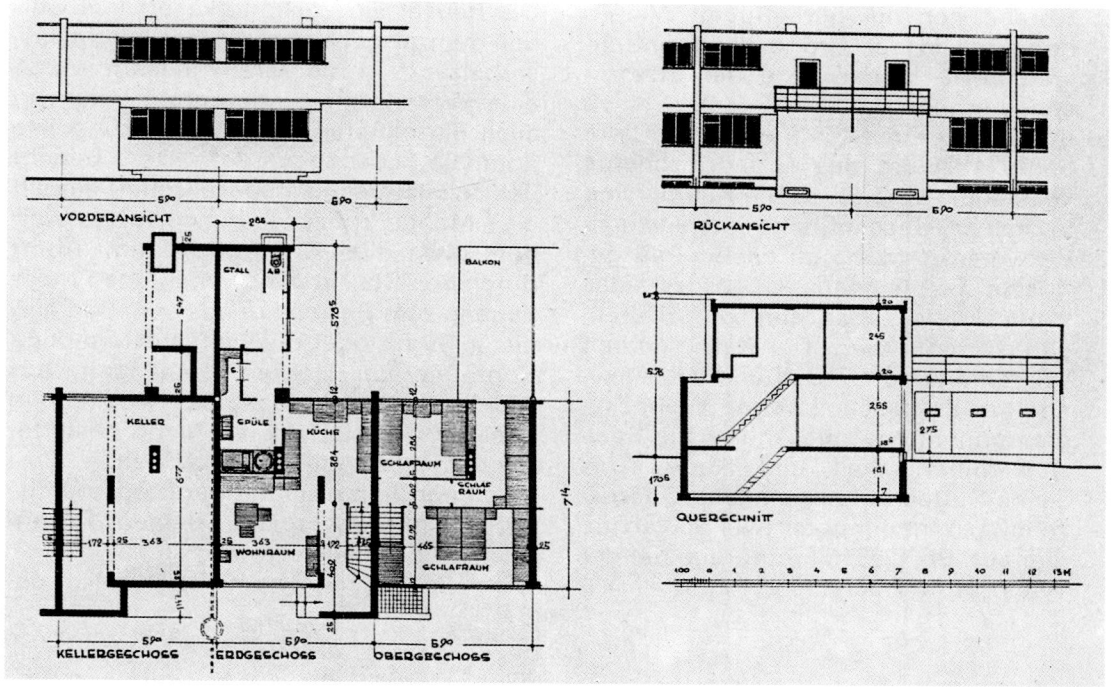

10

11 Typ II. Grundrisse,
   Ansichten und
   Schnitt

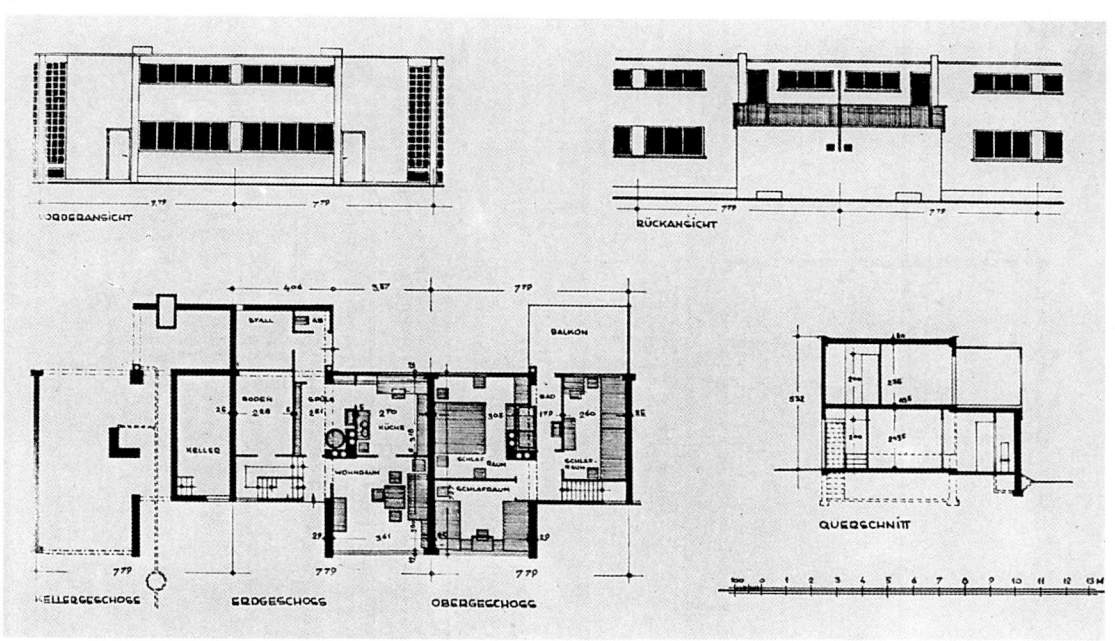

11

55

woraus sich nur geringfügige Veränderungen in der Größe der Frontfenster sowie in der Lage der Schornsteine ergaben.

5. Im stark reduzierten Typ IV aus dem Jahre 1928 ist das Grundrißschema vollständig verändert. Die Räume sind in halber Geschoßhöhe gegeneinander versetzt, wodurch das voll ausgebildete Treppenhaus eingespart, das Wohnzimmer aber nun zum Durchgangszimmer wird. Der Keller enthält Wirtschaftsräume, Bad und Waschküche. Im Erdgeschoß liegen Wohnzimmer und Küche mit Anbau für Speisenkammer, Stall und Abort. Das sechs Stufen höher gelegene Obergeschoß nimmt nur noch zwei Schlafzimmer auf. Bei 8,85 m Frontbreite hat der Typ 57,57 m² Fläche.

Die Häuser sind teilunterkellert und werden zentral beheizt mit einer Warmwasserheizung, in mehreren Häusern wurde eine Warmluftheizung erprobt. Nicht in allen Einzelheiten weisen die Grundrisse optimale Lösungen auf. Der Bericht der Reichsforschungsgesellschaft enthält eine Menge kritischer Hinweise. So werden etwa der Durchgang zum Abort durch den Stall in den Typen I und IV, der Zugang zum Balkon nur aus dem Bad heraus in Typ II oder die vielfach zu geringe. Kopfhöhe bei Treppen bemängelt. Auf Ablehnung stieß auch die 1,40 m hohe Fensterbrüstung, die es nicht gestatte, bequem aus dem Raum zu sehen. Gropius begründete sie mit der Möblierungsmöglichkeit der relativ kleinen Räume auch an der Fensterwand.

Sicherlich ist manche nicht glücklich ge-

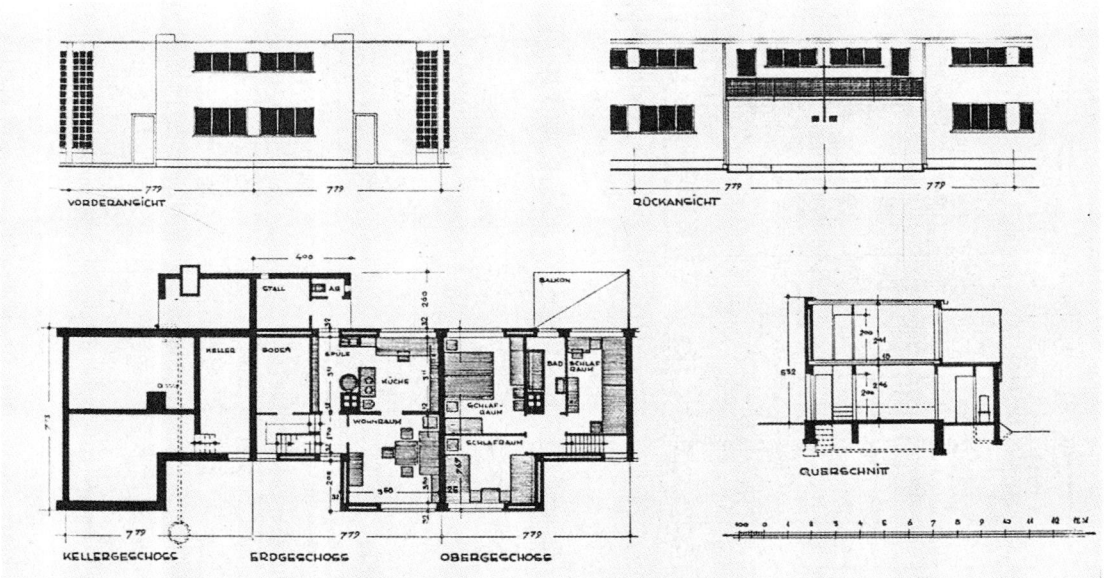

12

12 Typ II Ziegelausführung. Grundrisse, Ansichten und Schnitt

13

13 Typ II im Bau

Walter Gropius

56

14

15

14 Straßenseiten des
Typs II zum Klein-
ring. Ausführung in
Schlackenbeton-
steinen mit durch-
gehenden Fenster-
bändern

15 Straßenansicht
des Typs II,
Variante in
Ziegelmauerwerk

11 Wie Anm. 8, S. 20
12 Nach Angaben von
Dora Fieger

57

löste Einzelheit Gropius' mangelnder Erfahrung im Kleinhausbau geschuldet.
Doch muß man wohl auch die ökonomischen Zwänge des vorgegebenen Limits
der Baukosten sehen. Gropius gesteht
zu, daß an einigen Stellen die Ersparnis
in der Tat unter das zweckmäßige Maß
gesenkt worden ist und er sich wohl gewünscht hätte, je Wohneinheit etwa
500 RM mehr zu haben.[11]
Die Grundrisse sind mit Rücksicht auf
eine zweckmäßige Möblierung konzipiert. Gropius versuchte mit Hilfe der
Bauhauswerkstätten, die Käufer zu einer
modernen, auf die beengten Raumver-
hältnisse der Kleinwohnung abgestimm-
ten Möblierung anzuregen. In den zur
Einweihung des Schulgebäudes im Dezember 1926 zu besichtigenden Häusern
stellte die Tischlerwerkstatt komplette
Wohnungseinrichtungen, hauptsächlich
nach Modellen von Marcel Breuer, vor.
Zum Vergleich und auch als Kontrast
dazu hatte Dora Fieger, Privatsekretärin
bei Gropius, eine Wohnungseinrichtung
aus im Handel angebotenen Möbeln zu-
sammengestellt. Ihr Preis von 2000 RM
lag wesentlich über dem von 1350 RM für
die vergleichbare Bauhauseinrichtung.[12]
Doch blieb die den Absichten des Bauhauses folgende und damit auch der architektonischen Konzeption der Siedlungshäuser entsprechende Innengestaltung nur Demonstrationsobjekt. Die Bewohner brachten ihre eigenen Möbel mit
und hatten auch ihre eigenen, meist traditionell bestimmten Vorstellungen vom
Wohnmilieu. Eine im Versuchsprogramm
vorgesehene Mustermöblierung der Typen 1927 und 1928 scheiterte, weil sich
kein Käufer für die Möbel fand. Einzig die
Farbgestaltung der Innenräume führte
durchweg die Wandmalereiwerkstatt des
Bauhauses aus. Aber bald wurden Veränderungen vorgenommen, da nicht alle
Bewohner mit den ungemusterten und
oft innerhalb eines Raumes mehrfach farbig abgestuften Anstrichen einverstan-
den waren.
Die äußere Form der Bauten ist ganz
durch die rationalistischen Grundsätze
des funktionalen Gestaltens bestimmt. Je
zwei Häuser sind spiegelbildlich zu einer
Doppeleinheit zusammengefügt, woraus
sich Ansätze zur rhythmischen Gliede-

Walter Gropius

rung der langen zweigeschossigen Hauszeilen ergeben. Die glatten Straßenfronten des ersten Bauabschnittes erfahren nur durch die wenig vorspringenden Brandmauern eine Unterteilung. Bei den folgenden Typen ermöglichen die aus der Grundrißbildung gewonnenen körperlichen Vor- und Rücksprünge eine belebtere Gestaltung des Straßenbildes. Alle Fenster sind als horizontale Bänder ausgebildet, zu denen nur im Typ II die aus Glasbausteinen bestehenden vertikalen Treppenhausfenster kontrastieren. Die durch abgestuften Anstrich — weiß, grau und schwarz — betonte strukturelle Gliederung der Fassaden beruht im wesentlichen auf dem konstruktiven Gefüge der tragenden Quer- und hüllenden Längswände. Insgesamt verrät die architektonische Gestaltung der Hauszeilen ein klares ästhetisches Bekenntnis zur Serienproduktion, aus der sie hervorgegangen sind.

»Die Aufgabe hatte zum Ziel«, schrieb Gropius, »die Mieten der Häuser unter Zusammenfassung aller Rationalisierungsmöglichkeiten herabzudrücken.« [13] In der richtigen Erkenntnis, daß die eigentliche Quelle der Verbilligung in der Senkung des Bauaufwandes zu suchen ist, wandte er seine ganze Aufmerksamkeit der Rationalisierung des Bauprozesses zu und machte den Törtener Siedlungsbau zum breiten Versuchsfeld industrieller Methoden des Hausbaus. Und eben das fand die Unterstützung der Reichsforschungsgesellschaft, zu deren Sachverständigenrat Gropius gehörte.
Da Bausand und Kies auf dem Gelände vorhanden waren, entschloß sich Gropius zur Anwendung einer Betonbauweise. Das dafür von ihm entwickelte Konstruktionssystem trägt den Möglichkeiten der Vorfertigung von Elementen und ihrer Montage Rechnung. Gropius selbst beschreibt es so: »Tragende Brandwände aus Schlackenbetonhohlkörpern von 22,5/25/50 cm, also von einer Größe, die ein Mann versetzen kann. Decken frei gespannt von Brandwand zu Brandwand aus Betonrapidbalken, die ohne Zwischenfüllung, Balken neben Balken, trocken verlegt werden. Die Frontwände werden durch isolierende, nichttragende

Füllwände aus Schlackenbetonhohlsteinen gebildet, die auf armierten, freitragenden Betonbalken, mit direkter Lastübermittlung auf die Brandwände, ruhen.« [14]
Die Balken der sogenannten Rapiddecke hatten Doppel-T-Querschnitt und zur Gewichtsverringerung längliche Aussparungen am Steg. Für die Zwischenwände kamen 6 cm starke Schlackenbetonplatten zur Anwendung. Die Fenster bestanden zum größten Teil aus Stahlprofilen und waren nach den DIN-Normen bemessen.
Entsprechend dem Versuchsprogramm der Reichsforschungsgesellschaft wurden 10 Häuser in Ziegelbauweise mit Holzbalken- oder Hohlsteindecken ausgeführt und an einigen anderen Häusern alternative Materialien und Konstruktionen erprobt, so Füllwände aus Gasbeton- und großformatigen Schlackenbetonplatten oder auch als doppelschalige Konstruktion von Schlackenplatten mit Bimsbeton- bzw. Zellenbetonplatten (Zellenbeton ist ein geschäumter Leichtbeton).
Der ausführende Betrieb, die Anhalter Betonbaugesellschaft G.m.b.H. Dessau-Ziebigk, war der Oberbauleitung unterstellt, die gemeinsam mit der Firma den Baustelleneinrichtungs- und den Ablaufplan ausarbeitete. Die Herstellung von Schlackenbetonblöcken erfolgte jeweils auf der Rückseite der Hausreihen. Dort standen die Hohlblockstampfmaschinen und befanden sich die bis zum Abbinden der Steine nötigen Zwischenlagerplätze. An der Vorderseite lagen die Gleise für den Baukran. Die Fabrikation der Deckenbalken erfolgte zentralisiert, für den ersten Bauabschnitt am Eingang zur Doppelreihe, für die anderen zwischen Klein- und Mittelring. Es standen vier Fertigungstische zur Verfügung. Wagen der Feldbahn brachten die Balken zum Kran, der sie — vereinigt zu je sechs Stück — versetzte. Der Beton wurde unmittelbar neben den am Rande der Baustelle liegenden Kiesgruben hergestellt und über die Gleiswege der Feldbahn zu den einzelnen Vorfertigungs- und Bauplätzen transportiert.
Im Jahre 1928 waren folgende Baumaschinen im Einsatz: 3 Schlackenbrecher, 5 Betonmischmaschinen, 4 Rapidbalken-Fertigungsmaschinen, 18 Steinstampf-

13 Gropius, Walter: Bauhausbauten Dessau. München 1930, S. 153
14 Ebda., S. 154

58

16 Typ IV. Grundrisse,
Ansichten und
Schnitt

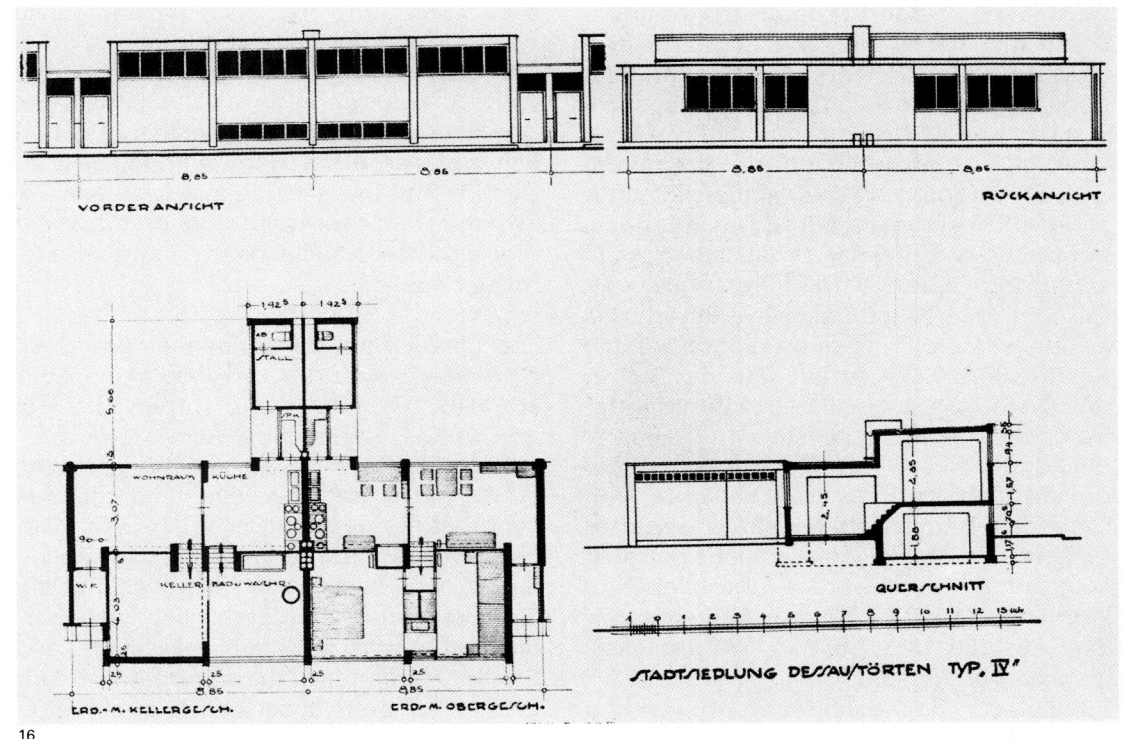

16

17 Typ IV. Grundriß

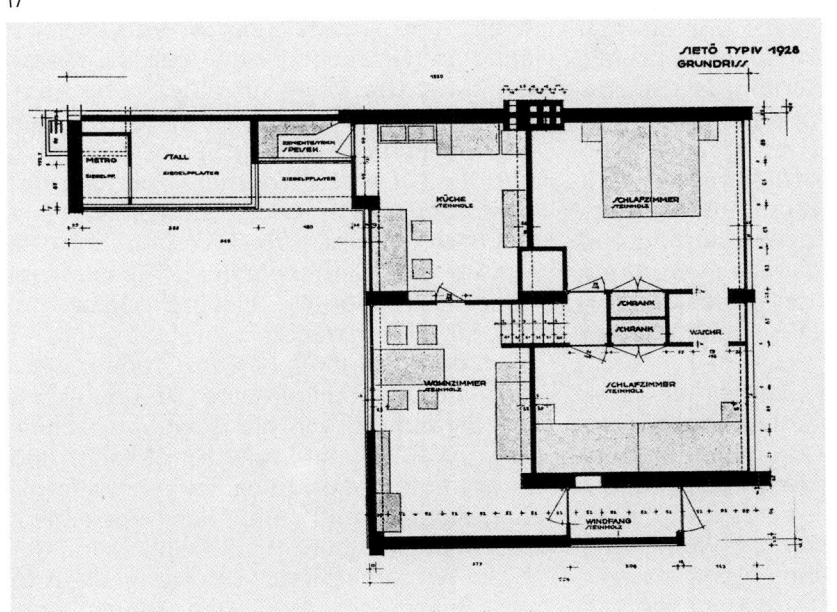

17

maschinen, 1 Bandförderer, 2 Turmdrehkrane mit je 1 500 kg Tragkraft und etwa 2 km Feldbahn mit entsprechenden Wagen. Die von der Reichsforschungsgesellschaft zur Verfügung gestellten Mittel wurden im wesentlichen zur quantitativen Erweiterung des in seiner Struktur schon 1926 eingesetzten Maschinenparks benutzt. Erwähnenswert ist die Neuanschaffung einer Farbenspritzmaschine, mit der die Wandmalereiwerkstatt des Bauhauses arbeitete und Ersparnisse von einem Viertel der Arbeit und der Hälfte des Materials erzielte. Der Bericht der Reichsforschungsgesellschaft schätzt ein, daß bei den verhältnismäßig geringen Massen je Haus und bei dem Umfang des Bauvorhabens ein vermehrter Einsatz von Baumaschinen nicht rentabel sein dürfte. Doch wäre ein mobiler Baukran, »eventuell auf Raupen laufend«, mit 9 m Auslage und 1 500 kg Tragfähigkeit dringend erwünscht.[15]

Parallel zur Baustelleinrichtungsplanung wurde ein grafischer Zeitplan entwickelt, »der das Ineinandergreifen der einzelnen Bauphasen ähnlich wie bei der industriellen Fließarbeit im voraus zu regeln hat«.[16] Er zerlegt den Bauprozeß in einzelne aufeinanderfolgende Arbeitstakte, um diese dann in ihrem zeitlichen Ablauf so zu verzahnen, daß gleichzeitige und kontinuierliche Fertigung in allen Bauphasen gewährleistet ist. Diese auf Fließfertigung mit spezialisierten Arbeitsbrigaden gerichtete Organisation stieß, weil sie neu war, in ihrer Verwirklichung auf viele Schwierigkeiten. Der Bericht der Reichsforschungsgesellschaft nennt neben Witterungseinflüssen und mangelnder Termintreue der Rohstofflieferanten vor allem die reservierte Haltung der Poliere und Bauarbeiter zur Mechanisierung und zum fabrikatorischen Denken, wodurch die unbedingt notwendigen exakten Arbeitszeitstudien nicht durchgehend möglich waren.[17]

Im Vergleich mit der damals üblichen handwerklichen Wohnhausproduktion erweisen sich Gropius' Bemühungen um eine wissenschaftlich begründete industriemäßige Organisation des Bauprozesses als kühn, aber auch als weitsichtig und ertragreich. Er kann darauf verweisen, daß die 130 Häuser des Bauabschnittes 1928 komplett, also einschließlich Vorfertigung der Teile und Innen- wie Außenputz, in 88 Arbeitstagen fertiggestellt werden konnten, was 0,67 Arbeitstagen pro Hauseinheit entspricht.[18] Und sicherlich war der in der Herstellungsweise erreichte Rationalisierungseffekt – wie beabsichtigt – eine wesentliche Quelle für die relativ wohlfeilen Kosten eines Einfamilienhauses.

Die große Nachfrage nach einem Siedlungshaus in Törten erklärte Peus 1928 so: »Die 700, die da ein Gropiushaus haben wollen, stehen an der Grenze derjenigen Schicht, die gern eine Eigenheimstätte hätte und nur dann sich leisten kann, wenn sie nicht zu teuer wird. Der Siedler-Verband verlor einen gewissen Zulauf, weil er nicht so billig war. Für die Gropiushäuser meldeten sich Arbeiter, die sich nicht zutrauen, ein Haus des Siedler-Verbandes zu erwerben.«[19] Der größte Teil der Häuser wurde an Arbeiter verkauft.[20] Aber wohl nur bessergestellte Arbeiter waren in der Lage, das für den Erwerb erforderliche Eigenkapital von 1 000 RM bzw. 1 500 RM aufzubringen. Einige zahlten nur Teilbeträge ein, für manche Käufer schoß der Arbeitgeber die nötige Anzahlung vor.[21] Die Hauseigentümer hatten an Hypothekenrückzahlung je nach Haustyp monatlich 27 bis 37 RM, also maximal 444 RM jährlich aufzubringen. Das war für Eigenheime dieser Größe und Ausstattung im Vergleich zu anderen Dessauer Siedlungen ein niedriger Satz. Die Miete für eine Stube-Kammer-Küche-Wohnung der Arbeiter-Baugenossenschaft betrug 500 RM jährlich und die für eine 3-Zimmer-Wohnung der Genossenschaft der Handwerker und Bauunternehmer 975 RM jährlich. Die Häuser der Gartensiedlung Dessau-Ziebigk von Leopold Fischer lagen bei 600 RM Jahresmiete.

Ein Zeitungsinterview vom August 1927 läßt auf eine allgemeine Befürwortung der Siedlung durch die Bewohner schließen. Die Räume seien praktisch und zweckmäßig, die Küche sei sehr rationell eingerichtet, und auch das Trockenklosett habe sich bewährt.[22] Doch schon der erste Winter brachte Schwierigkeiten in der Beheizung derjenigen Häuser, die

15 Wie Anm. 8, S. 77 ff.
16 Gropius, Walter: Das Bauhaus in Dessau. Eine Entgegnung. In: Die Wohnung 1 (1926/27) S. 312–315
17 Wie Anm. 8, S. 129–130
18 Wie Anm. 13, S. 155
19 Volksblatt für Anhalt v. 10. 1. 1928
20 Z. B. hatten Bewohner am Mittelring folgende Berufe: Nr. 15: Schlosser, Nr. 17: Dreher, Nr. 19: Dreher, Nr. 21: Schlosser, Nr. 23: Schlosser, Nr. 25: Schlosser, Nr. 27: Arbeiter, Nr. 29: Schlosser; in der Doppelreihe Nr. 1: Reisender, Nr. 2: Arbeiter/ Friseur, Nr. 3: Kaufmann, Nr. 4: Schleifer, Nr. 5: Werkmeister, Nr. 6: Klempner, Nr. 7: Schlosser, Nr. 8: Sattler. Ermittelt von C. Kutschke
21 Heymann: Wohnungsbauwirtschaftliche Studien. In: Deutsche Bauzeitung 63 (1929) 16, Beilage Bauwirtschaft und Baurecht, S. 65
22 Besuch in der Doppelreihe: »Wir fühlen uns glücklich.« In: Dessauer Zeitung v. 27. 8. 1927

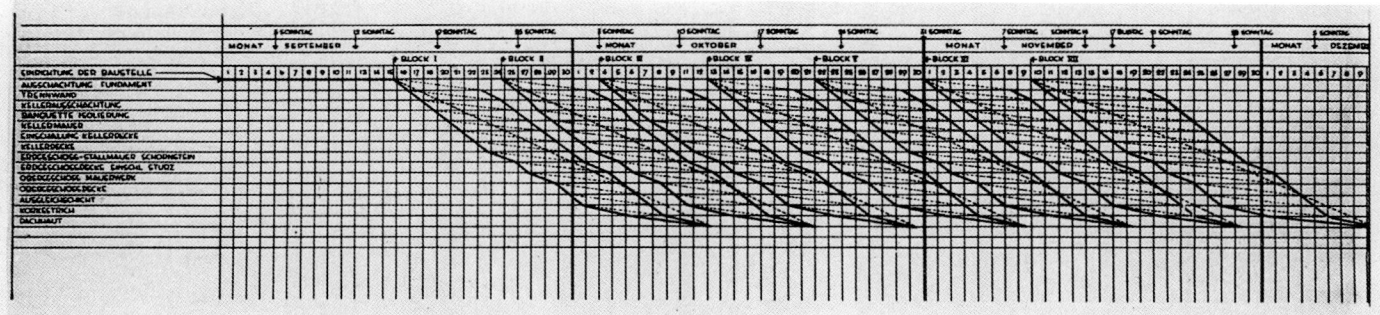

18

18 Harmonogramm
des Bauablaufs

19 Plan für die Einrich-
tung der Baustelle
der Doppelreihe

eine Warmluftheizung erhalten hatten. Zwar lag der Fehler bei der ausführenden Firma, die die Anlagen zu gering dimensioniert hatte, aber der Einbau einer Warmwasserheizung kostete die Hausbesitzer 500 RM. Die Stadt unterstützte die Siedler mit einem Zuschuß von 250 RM, ausgenommen die Siedler des ersten Bauabschnittes, die – wie sie argumentierte – ihre Häuser zu billig bekommen hätten.[23]

Die Fassaden wie auch die innere Raumaufteilung der meisten Häuser wurden im Laufe der Zeit, meist schon in den 30er Jahren, verändert. So nutzten die Bewohner den in Typ II vorhandenen Bodenraum zusätzlich für Wohnzwecke und ersetzten die Stahlfenster durch hölzerne bei gleichzeitiger Veränderung des Formates und der Lage. Keines der Häuser hat noch die originale Fensteranordnung.

Während eines Luftangriffes am 16. Januar 1945 wurden 25 Häuser der Siedlung zerstört. Die entstandenen Lücken sind heute meist mit Bauten in angeglichenen Formen gefüllt.

Der Großring, an dem Gropius nur zwei kurze Blöcke errichtet hatte, wurde in den dreißiger Jahren weiter bebaut, vor allem 1930/31 vom Anhaltischen Siedlerverband nach Entwürfen von Leopold Fischer und ab 1937 von der Gemeinnützigen Siedlungsgesellschaft.

Der Siedlungsbau in Dessau-Törten fand in der Öffentlichkeit wie in der Fachwelt einen breiten Widerhall, und es wurde auf kommunaler und nationaler Ebene heftig und kontrovers darüber diskutiert. In der Diskussion vermischten sich die sachlichen Fragen des wohlfeilen Massenwohnungsbaus mit parteipolitischen

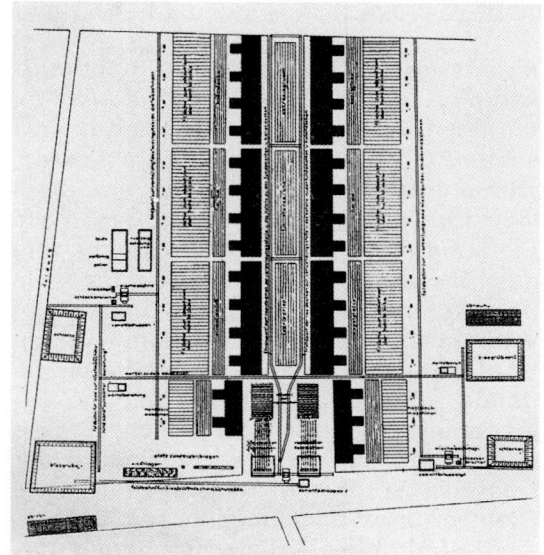

19

20 Baustelle Mittelring,
Typ IV

20

23 Anhalter Anzeiger
v. 13. 10. 1928

21 Straßenansicht des
Typs IV im Mittel-
ring

22 Mittelring Nr. 14/16
(Typ II).
Zustand 1988

Interessen und zugleich mit Richtungs-
kämpfen in der Architektur. Die erwähnten finanziellen, funktionellen und technischen Probleme, die beim Bau auftraten,
wurden oft aufgebauscht und zur Grundlage für unsachliche Angriffe gegen die
Siedlung, aber auch gegen Gropius und
das Bauhaus genommen. Das für viele
ungewohnte Angebot eines neuartigen
Wohnmilieus führte zu diffamierenden
Bezeichnungen wie »Hundehüttenge-
gend«, »Betonställe« oder »Humane Zel-
lengefängnisse«, und die örtliche Presse
sprach von den »Schmerzenkindern der
Dessauer Stadtverwaltung«.

Die Törtener Siedlungshäuser wurden
zum Streitobjekt im Kampf gegen das
Neue Bauen, den konservative Interessengruppen und »völkische« Kreise auch
mit politischen Mitteln führten. Am
7. September 1927 brachte der Reichsver-
band des deutschen Dachdeckerhand-
werkes eine gegen die eben erst gegründete Reichsforschungsgesellschaft für
Wirtschaftlichkeit im Bau- und Wohnungswesen gerichtete Eingabe im
Reichstag ein. Darin wurde gefordert, die
Zahlung von Versuchsmitteln für die
Siedlungsbauten in Dessau-Törten, Frankfurt a. Main und Stuttgart einzustellen mit
der Begründung, daß die dort geförder-
ten Bauweisen die Existenz des Hand-
werks bedrohten und daß die Industrialisierung des Siedlungsbaus den Privatar-
chitekten ausschalte. Der Dachdecker-
verband war nur Veranlasser. Das gedruckte Dokument enthält insgesamt
174 Unterschriften von Berufsverbänden,
Vereinen und Einzelpersonen. An der
Spitze stand diejenige von Cornelius Gurlitt, dem Ehrenpräsidenten des Bundes

Deutscher Architekten (dem auch Gro-
pius angehörte), aber auch der Dessauer
Bürgerverein, in dem sich die Bauhaus-
gegner sammelten, hatte unterschrieben.
Verfasser des Textes war Baurat Konrad
Nonn, Schriftleiter des Zentralblattes der
Bauverwaltung, einer der erbittertsten
Gegner des Bauhauses und Befürworter
»völkischen Bauens«. Im Zusammenhang
mit dem Dessauer Siedlungsvorhaben
hatte er als einzigen Architekten in der
Eingabe Walter Gropius genannt mit dem
Bemerken, daß bereits dessen Weimarer
Versuche (Musterhaus des Bauhauses)
mit einem durch die Thüringische Rech-
nungskammer amtlich festgestellten Fi-
asko geendet hätten. Gropius fühlte sich
zu Recht als Mensch und Fachmann her-
abgesetzt und wandte sich an seine Be-
rufsorganisation. Ein Untersuchungsaus-
schuß des BDA wies diese Vorwürfe
nach eingehender Prüfung als haltlos zurück. Da sich Nonn und Gurlitt damit
noch nicht zufrieden gaben, beantragte
Gropius ein Verfahren vor dem Ehrenge-
richt des BDA, das ihn im November 1928
endgültig von den Vorwürfen frei-
sprach.[24]

Wie wir sehen, hatte die auf Verhinde-
rung der finanziellen Unterstützung von
Bauversuchen gerichtete Reichstagseingabe keinen Erfolg. Die Mittel für Törten
wurden, wenn sicherlich auch verspätet,
bewilligt. Doch Nonn nahm das Erscheinen des Berichtes der Reichsforschungsgesellschaft über die Siedlung Dessau-
Törten im April 1929 zum Anlaß, abermals
eine Attacke gegen die Siedlung und das
Bauhaus zu reiten. Die im Bericht enthaltenen kritischen Anmerkungen nahm er
als Beleg für die vermeintliche Unseriosi-

24 Quellen zu diesen
Vorgängen im Bau-
haus-Archiv Berlin,
Gropius-Sammlung
Kasten 15 – Vgl. auch
Nonn: Die Reichstags-
eingabe über die
Reichsforschungsge-
sellschaft für Woh-
nungsbau (RFG) und
Prof. Gropius. In: Deut-
sche Bauzeitung 62
(1928) 37, S. 325–327

23 Gesamtplan der von
Walter Gropius und
Hannes Meyer in
Dessau-Törten
ausgeführten Sied-
lungsbauten mit
schematischer Er-
gänzung der späteren
Bebauung

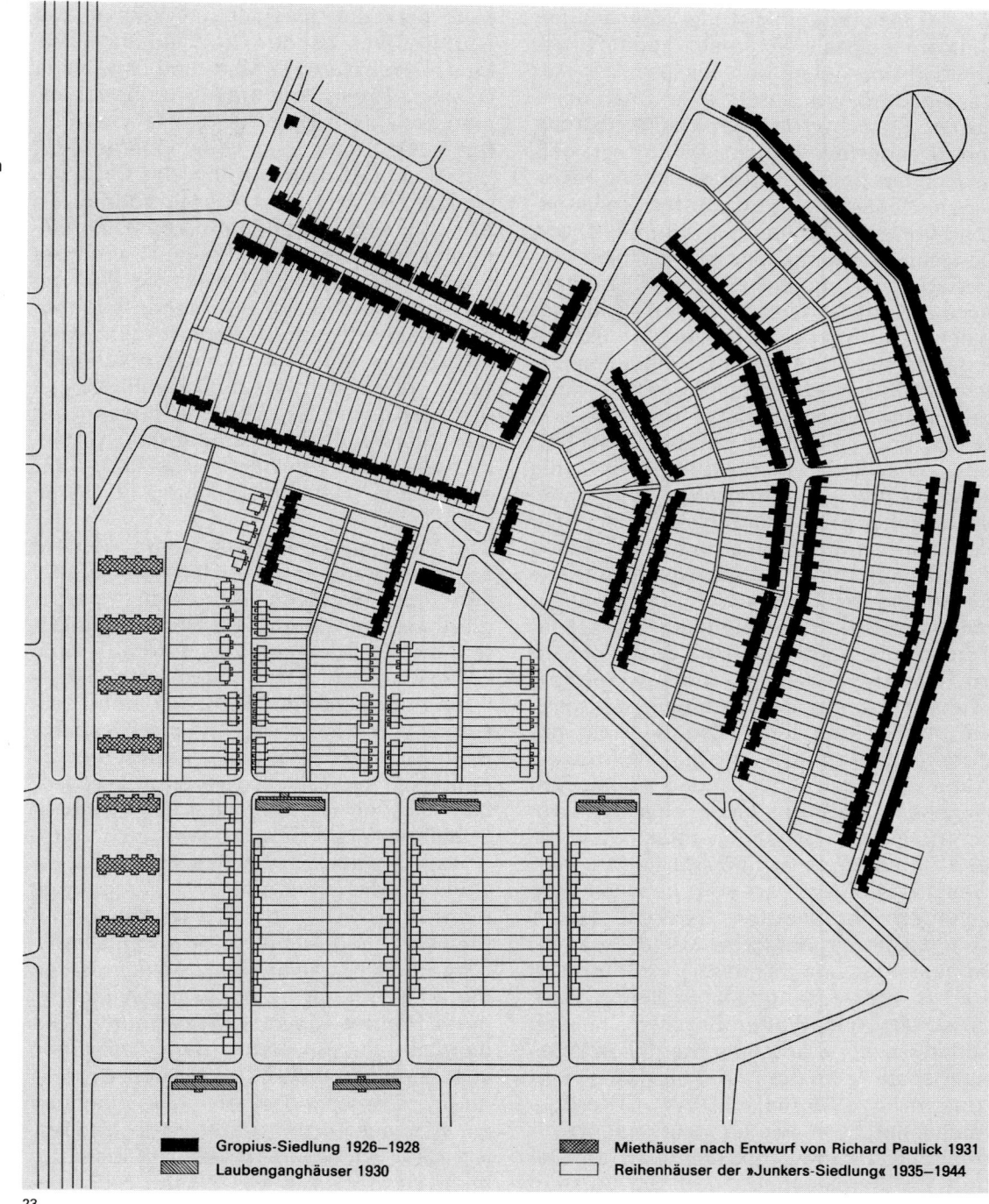

Gropius-Siedlung 1926—1928

Laubenganghäuser 1930

Miethäuser nach Entwurf von Richard Paulick 1931

Reihenhäuser der »Junkers-Siedlung« 1935—1944

23

tät der Architektenleistung. Bei einigen Häusern zeigten sich bald nach Fertigstellung unregelmäßige Risse in der Außenwand. Nonn unterstellte Setzungen durch zu schwach bemessene Fundamente, aber der Bericht stellte fest, daß es sich nur um Schwindrisse in der bei einigen Häusern angewendeten Zellenbetondämmschicht handeln konnte. Diese und ähnliche scheinbar rein fachlich vorgetragene – und teilweise auch berechtigte – Kritik hatte aber doch eine ideologische Stoßrichtung. »Der in Illusion lebende selbsttrügerische Bauhausgeist« habe sich in Bauversuchen der Kommunen schon breit eingefressen, schreibt Nonn, und er hält es der Bauwirtschaft und Wissenschaft unwürdig, daß die »technische, künstlerische und wirtschaftliche Minderwertigkeit« der Bauversuche von Gropius und des neuen Bauens überhaupt »fortgesetzt amtliche Förderung erschleicht«.[25]

Wie ist der Bau der Siedlung in Dessau-Törten aus heutiger Sicht geschichtlich zu werten? Gropius' Siedlungsprojekt reiht sich in die Bemühungen progressiver Architekten jener Zeit ein, die mit ihrer Arbeit zur Lösung der Wohnungsfrage beitragen wollten, und es hat den Anschein, daß es durch eine Gemeinschaftsaktion Gleichgesinnter wesentliche Anregungen erfuhr. Martin Wagner, Geschäftsführer der von den Gewerkschaften gegründeten DEWOG (Deutsche Wohnungsfürsorge AG für Beamte, Angestellte und Arbeiter), bildete im Herbst 1924 zusammen mit Bruno Taut, Ernst May und Walter Gropius eine Forschungsgruppe für experimentellen Wohnungsbau. Eine von ihm verfaßte Programmskizze für diese »DEWOG-Kopfgemeinschaft« – wie er sie nannte – orientiert auf die Volkswohnung im Ein- und Zweifamilienhaus und die Ausnützung aller Rationalisierungsmöglichkeiten, einschließlich der Vorfertigung, um einen Wohnungsaufwand von maximal 300 RM jährlich gewährleisten zu können. Das Vorhaben zerschlug sich im Frühjahr 1925, weil die DEWOG keine Versuchsmittel zur Verfügung stellte.[26] Die Mitglieder der Gemeinschaft aber fanden Gelegenheit, anderswo in eigenständigen Arbeiten die im Programm gesteckten Ziele praktisch anzugehen, Wagner und Taut in Berlin bei der Großsiedlung Britz, May in Frankfurt am Main und Gropius in Dessau. Es wird von Entwürfen berichtet, die Gropius für DEWOG-Häuser angefertigt habe, doch sind keine überliefert.[27] Offenbar beschäftigte ihn das Problem weiter. Die Dessauer Presse schrieb im Sommer 1925 davon, daß Gropius an Einfamilienreihenhäusern für die Serienproduktion arbeite.[28] So beruht die Planung für Törten sicherlich auf einem längeren wissenschaftlichen Vorlauf, in dem wohl auch Ideen von Berufskollegen schöpferisch verarbeitet wurden. Zumindest ist die Ähnlichkeit der Törtener Lösung mit der Querwandbauweise und dem Grundrißsystem der von Adolf Loos 1921–1923 errichteten Heuberg-Siedlung in Wien auffallend.[29]

Die Siedlung in Dessau-Törten gehörte zu den führenden Beispielen des Einfamilien-Kleinhausbaues, der damals – propagiert vor allem durch die Sozialdemokraten – als Hauptweg im Arbeiterwohnungsbau galt. Doch lagen darin auch ihre zeitbedingten Grenzen; denn die kühne Vorstellung, man könne durch Minimierung und Rationalisierung das Eigenheim von 70 m² so wohlfeil machen, daß es auch für die sozial schwächeren Schichten erschwinglich wird, scheiterte an den ökonomischen Realitäten. So gewann für die Lösung der Wohnungsfrage mehr und mehr der Geschoßbau mit Kleinwohnungen um die 50 m² an Bedeutung.[30] Seine Leistungsfähigkeit zeigen die im Anschluß an die Gropiussiedlung unter Hannes Meyer 1930 gebauten Laubenganghäuser. Nach dem Weggang vom Bauhaus wandte sich auch Gropius dem mehrgeschossigen Wohnungsbau zu. Was aus Törten weiterwirkte, das waren die Erfahrungen des »grundsätzlichen Vorstoßes in der Richtung der unaufhaltsamen Industrialisierung und Rationalisierung des Bauwesens«,[31] den Gropius beim Bau dieser Siedlung in so konsequenter Weise unternommen hatte und der als eine der vielen Pionierleistungen des Neuen Bauens seinen geschichtlichen Rang hat.

25 Nonn, Konrad: Zur Propaganda neuer Versuchsbauten. In: Deutsche Bauhütte 33 (1929) 12, S. 193–196
26 Jaeggi, Annemarie: Das Großlaboratorium für die Volkswohnung. Wagner, Taut, Gropius. 1924/25. In: Siedlungen der zwanziger Jahre heute. Vier Berliner Großsiedlungen 1924–1984. Katalog Ausst. Bauhaus-Archiv Berlin v. 24. 10. 1984 bis 7. 1. 1985, S. 27–32
27 Isaacs, Reginald R.: Walter Gropius. Der Mensch und sein Werk. Bd. 1, Berlin 1983, S. 380f. – Nach Nerdinger, Winfried: Walter Gropius, Berlin 1985, S. 236 geht aus den Unterlagen im Bauhaus-Archiv Berlin hervor, daß Gropius an die DEWOG Typengrundrisse für Reihenhäuser einreichte, die 1923 F. Molnar als Variationen zum Versuchshaus des Bauhauses entwickelt hatte.
28 Volksblatt für Anhalt v. 7. 7. 1925, dazu abgedruckt ein Aufsatz von Gropius unter dem Titel »Wohnhäuser«
29 Block, Fritz: Probleme des Bauens. Potsdam 1928, S. 82–83 m. Abb. – Loos hatte sich sein Querwandsystem als »Haus mit einer Mauer« patentieren lassen. Seinen Häusern waren Intensivgärten für Hühnerhaltung mit entsprechenden Stallanbauten zugeordnet.
30 Vgl. dazu Junghanns, Kurt: Bruno Taut 1880–1938. Berlin 1970, S. 66f.
31 Wie Anm. 13, S. 156

Gebäude des Konsumvereins
in der Siedlung Dessau-Törten

Bauzeit: 1928
Auftraggeber: Konsumverein für Dessau
und Umgebung
Entwurf: Walter Gopius

Die Siedlungen der zwanziger Jahre bestanden vielfach aus einer reinen Wohnbebauung. Der für ihre Funktionstüchtigkeit nötige wie für die städtebaulich-räumliche Gestaltung vorteilhafte Besatz mit gemeinnützigen Einrichtungen war nur möglich, wenn sich dafür Interessenten und Geldgeber außerhalb des Wohnungsbaus und seiner Finanzierungsbedingungen fanden. Sie zu gewinnen gelang nicht immer. Das Beispiel Törten zeigt, welche Bereicherung bereits eine einzige Kaufeinrichtung für eine derartige Siedlung bedeuten konnte.[1] Sie wurde sogar zum städtebaulichen Akzent, da sich mit dem Laden ein vom gleichen Auftraggeber finanzierter unikaler Wohnbau verbinden ließ.

Der Konsumverein hatte sich in Dessau sehr gut entwickeln können und besaß prozentual doppelt so viel Mitglieder — es waren etwa zwei Fünftel der Einwohner — wie z. B. der Konsumverein von Berlin.[2] Am 14. Juni 1928 wurde im Dessauer Gemeinderat der Verkauf eines 50 m langen Grundstücks an der Straße Am Dreieck mit einer Fläche von rund 2 000 m² an den Konsumverein grundsätzlich genehmigt.

Es gibt einen von Carl Fieger angefertigten und allgemein als Konsum für Törten bezeichneten Entwurf. Er zeigt ein dreigeschossiges Gebäude, bestehend aus zwei versetzt angeordneten und durch ein gemeinsames Treppenhaus verbundenen Baukörpern. Sie enthalten Verwaltungsräume und — nach der Fassadenstruktur zu urteilen — zumindest im Erdgeschoß Verkaufsräume. Der Bau erscheint überdimensioniert und nimmt auch in der Maßstäblichkeit keinen Be-

1 Sigfried Giedion erwähnt in seiner Gropius-Monografie, Stuttgart 1954, S. 122 einen Milchladen, der 1927 in Törten ausgeführt worden sein soll. Dieser Hinweis könnte sich auf einen auch im Bericht der Reichsforschungsgesellschaft erwähnten geplanten Laden mit halbrundem Vorbau, den der Lageplan am Ende der Damaschkestraße zeigt, beziehen. Befragungen ergaben, daß kein Laden ausgeführt wurde.
2 Volksblatt für Anhalt v. 17. 2. 1930

1 Ansicht von Osten

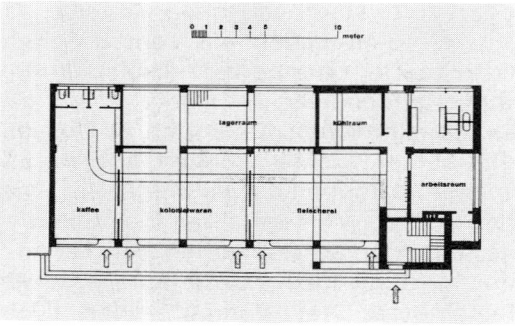

2 Grundriß
  des Erdgeschosses

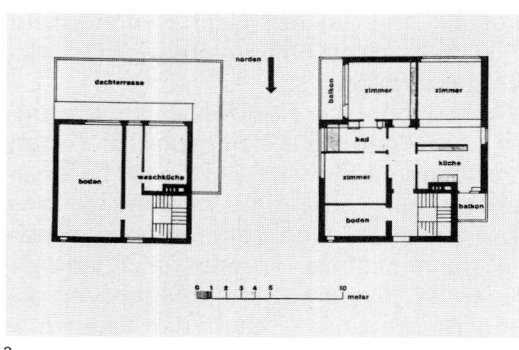

3 Grundriß
  eines Obergeschosses

zug auf die Umgebung. Es ist fraglich, ob sich dieser Entwurf auf Törten bezieht.[3] Der ausgeführte Entwurf stammt von Walter Gropius. Durch die städtebauliche Einordnung an der platzartigen Erweiterung am Knickpunkt der Damaschkestraße und durch die Höhe bildet das Gebäude den »Zentralpunkt der Siedlung«, wie es im Bericht der Reichsforschungsgesellschaft heißt. Es besteht aus zwei ineinandergeschobenen Körpern. Im Flachbau befinden sich Verkaufseinrichtungen. Durch Faltwände war es möglich, die drei Abteilungen Fleischerei, »Kolonialwaren« und Café voneinander zu trennen oder auch eine durchgehende Ladenfläche zu schaffen. Der anschließende fünfgeschossige Hochkörper enthält zum Laden gehörige Personalräume im Erdgeschoß und in den drei darüberliegenden Etagen je eine Wohnung. Die reichlich 90 m² großen Wohnungen bestehen aus drei Zimmern, Küche, Bad und Abstellraum (»Boden«). Im Dachgeschoß sind Waschküche und Trockenraum mit vorgelagerter, ebenfalls zum Wäschetrocknen zu nutzender Terrasse angeordnet.

3 Im Jahre 1929 baute der Dessauer Konsumverein in Ziebigk ein weiteres Gebäude, nicht nach dem Entwurf eines Bauhausarchitekten, aber in modernen Formen. Das heute vollständig zerstörte Gebäude stand in der Kornhausstraße. Vgl. Erfurth, Helmut: Das Konsumgebäude in Ziebigk. In: Liberal-Demokratische Zeitung, Ausg. Dessau v. 12. 10. 1978

66

4

Ausgeführt ist der Bau in Ziegelmauerwerk, der Laden in einer Stahlbetonkonstruktion. Die Baukosten betrugen insgesamt 111 676 RM einschließlich aller Nebenkosten, das sind 24,90 RM pro m³ umbauten Raumes.

Die Gestalt des Wohnhauses wird wesentlich durch die beiden sich teilweise ineinanderschiebenden, annähernd quadratischen Baukörper unterschiedlicher Höhe bestimmt. In den Rücksprüngen sind Balkone angeordnet. Ihre auskragenden Platten und die Röhrengeländer kontrastieren mit den glatt geputzten, weiß gestrichenen Wänden sowie den in ihrer Größe dem Zweck entsprechend unterschiedlich bemessenen und proportionierten Fensterflächen. Die gediegene funktionelle Ordnung der Grundrisse und die Logik, mit der das Innere und das Äußere gestalterisch in Übereinstimmung gebracht und daraus eine ausdrucksstarke Form gewonnen ist, machen dieses bescheidene Objekt zu einem Meisterwerk des Neuen Bauens.

Das Konsumgebäude erlitt im Zweiten Weltkrieg keinerlei Beschädigungen und wird auch heute als Verkaufseinrichtung und Wohnhaus genutzt. Im Jahre 1976 wurde sein Äußeres durchgreifend erneuert, doch leider bald darauf der Ladentrakt durch einen rückwärtigen Anbau erweitert.

Gebäude des Konsumvereins

5

6

6 Ansicht von Osten

Walter Gropius

68

Stahlhaus

Bauzeit: 1926—1927
Auftraggeber: Stadt Dessau
Entwurf: Georg Muche und
Richard Paulick

Es mag aus heutiger Sicht wenig sinnvoll, ja abwegig erscheinen, Wohnhäuser in Stahl auszuführen. Doch ist das Dessauer Stahlhaus kein Einzelfall. Es gehört in die große Zahl der in jener Zeit unternommenen Versuche, die Vorteile des »industriellen« Materials Stahl für den Wohnhausbau zu nützen. Und es ist überdies ein markantes Beispiel für die immer wieder in Neuland vorstoßende experimentelle gestalterische Arbeit am Bauhaus.

Das Stahlhaus entstand zusammen mit dem ersten Bauabschnitt der Siedlung in Törten und sollte wie dieser als Demonstrationsvorhaben zur Eröffnung des Dessauer Bauhauses fertiggestellt sein. Die Bauarbeiten begannen im November 1926. Zur Einweihung des neuen Schulgebäudes am 4. Dezember waren sie noch im Gange. Der aber wohl bereits vorhandene Rohbau mag den zahlreichen Besuchern eine Vorstellung von diesem nicht alltäglichen Wohnhaus gegeben haben. Vollendet wurde der Bau im Frühjahr 1927. Das Dessauer Stahlhaus ist eine gemeinschaftliche Leistung des Bauhausmeisters Georg Muche, des jungen Architekten Richard Paulick und der ausführenden Leipziger Firma Carl Kästner AG. Es beruht auf ideellen Vorarbeiten zum Stahlhausbau, die Muche noch in der Weimarer Bauhauszeit begonnen hatte.

Aus einem Aufsatz von Muche geht hervor, daß es ebenso wohnfunktionelle wie bautechnologische Überlegungen waren, die ihn zum Einsatz des Stahles führten.[1] Die Familie sei ein kollektiver Organismus, dessen Größe sich im Laufe der Zeit ändere. Folglich müsse der Grundriß ent-

1 Muche, Georg: Stahlhausbau. In: bauhaus 2 (1927) 1, S. 3—4

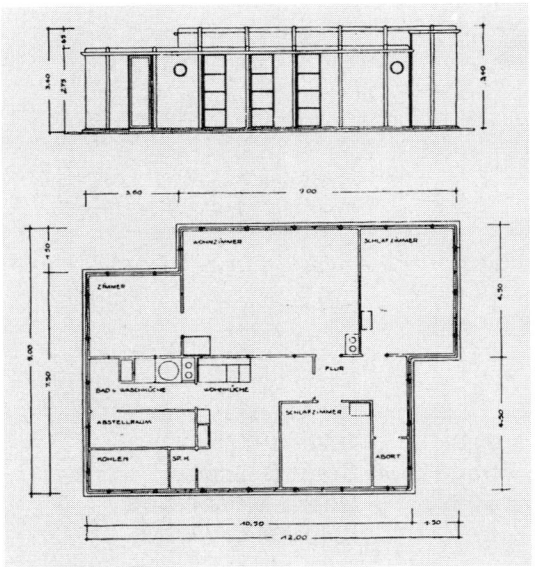

1 Entwurf für ein
Montagehaus mit
Stahlskelett von
Georg Muche.
Zeichnung für die
Anfertigung eines
Modells. 1924

2 Grundriß und Aufriß

3 Metall-Typenhaus.
Entwurf von Georg
Muche und Richard
Paulick. 1926

sprechend veränderbar sein. »Das anbau-
fähige Wohnhaus mit variabler Grundriß-
gestaltung ist eine zeitgemäße Forderung.« In der gegenüber dem Mauerwerksbau leichten und montierbaren
Stahlkonstruktion sieht Muche Möglichkeiten, dieser Forderung nachzukommen.
Doch verknüpft er damit auch weitrei-
chende Vorstellungen zum industriellen
Bauen überhaupt. Nach Muches Meinung ist der Montagebau aus großformatigen Betonplatten nur die »organisatori-
sche Übersteigerung der Steinbauweise«
und noch nicht wirkliche Technifizierung
des Hausbaus. Der Stahlhausbau dagegen sei ein Weg zur Modernisierung des
Bauens — aber auch nur ein Weg und
nicht das eigentliche Ziel. Er leite eine
neue Epoche der Wohnhausproduktion
ein, in der an die Stelle der handwerklichen Tradition das technische Prinzip
träte.
Angeregt waren derlei Gedanken von den
am Weimarer Bauhaus unternommenen
Studien zu Serienhäusern für die geplante Bauhaussiedlung, aus denen Gropius' »Baukasten im Großen« hervorging,
und vor allem durch das nach Muches
Idee anläßlich der Ausstellung 1923 in
Weimar gebaute Versuchshaus. In Weiterführung der mit letzterem verfolgten
Absichten zur funktionellen und technischen Erneuerung des Wohnungsbaus
entwarf Muche 1924 ein Montagehaus
mit einem Stahlskelett als konstruktivem

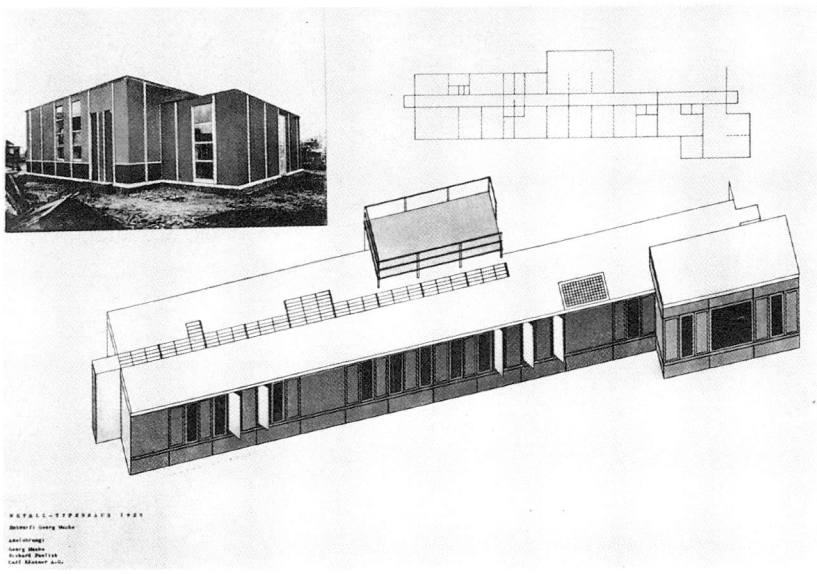

3

70

4 Aufrichten des Stahl-
skelettes

5 Zustand während der
Montage

6 Horizontalschnitt
durch die Wandkon-
struktion eines
Kästner-Hauses, die
dem Dessauer Stahl-
haus zugrunde gelegt,
aber hinsichtlich
der Dämmschichten
leicht abgewandelt
wurde.
1 Fenster
2 Putz
3 20 mm Torfoleum
4 50 mm Schlacken-
stein
5 Stütze (Stahlprofil)
6 Spannschiene
7 Fugendichtung
8 3 mm Stahlplatte

2 Vgl. Georg Muche.
Das künstlerische
Werk 1912–1927. Berlin
1980, S. 28 f., 147
3 Paulick, Richard: Das
Stahlhaus in Dessau.
In: Form und Zweck, 8
(1976) 6, S. 28–30
4 Ebda.
5 Wie Anm. 2, S. 28 f.,
148

Gerüst. Das gut durchdachte System beruht auf einer quadratischen Raumeinheit
von 3,24 m Seitenlänge, die zur jeweils
gewünschten Hausgröße addiert werden
kann, wobei die Skelettkonstruktion Frei-
heit in der Aufteilung des Grundrisses ge-
währt. Kreuzförmige Stützen ermöglichen bequeme Wandanschlüsse. Zwi-
schen- und Außenwände bestehen aus
streifenförmigen, geschoßhohen Leicht-
bauelementen, das Dach ist ähnlich ausgebildet. Für die Außenhaut war Aluminium vorgesehen.[2]
In Dessau führte Muche die Studien zu
Stahlhäusern ab 1925 gemeinsam mit Richard Paulick fort. Paulick erinnert sich,
daß beide »eine große Serie von ein- und
zweigeschossigen Wohnhäusern, aber
auch vielgeschossige Gebäude, ja ganze
Stadtlandschaften« entwarfen und dabei
das Bausystem konstruktiv weiterentwik-
kelten, u. a. durch ein besonderes kreuz-
förmiges Stützenprofil.[3] Die Entwürfe
wurden auf der Großen Berliner Kunst-
ausstellung (wohl in der darin enthaltenen Architekturausstellung der Novem-
bergruppe) 1926 gezeigt.[4] Überliefert davon ist das eingeschossige Metallhaus
für einen Künstler.[5] Das aufwendige
Raumprogramm entwickelt sich zu beiden Seiten eines teilweise mit Oberlicht
versehenen Korridors. Wohnraum und
Atelier treten aus dem langgestreckten
quaderförmigen Baukörper heraus, dessen aus Stahltafeln gebildete Außenwände einen farbigen Anstrich erhalten
sollten. Die Verwandtschaft dieses Hauses mit dem schließlich ausgeführten
Stahlhaus fällt ins Auge. Doch ist der Entwurf für letzteres nur ideell mit den Vorstudien verbunden. Deren Konstruktionssystem hätte die Fertigung von speziellen
Stahlprofilen erfordert, die für den Bau
eines einzigen Hauses zu kostenaufwendig geworden wäre. So mußte, als sich
die Möglichkeit zum praktischen Experiment bot, auf eine bereits in der Industrie
vorhandene Konstruktion für Stahlhäuser
zurückgegriffen werden.

Den Anstoß zum Bau des Stahlhauses
gaben zweifellos Muche und Paulick. Der
Vater des jungen Architekten, Stadtrat
Paulick, vermittelte die Baugenehmigung
und veranlaßte wohl auch die Bereitstel-

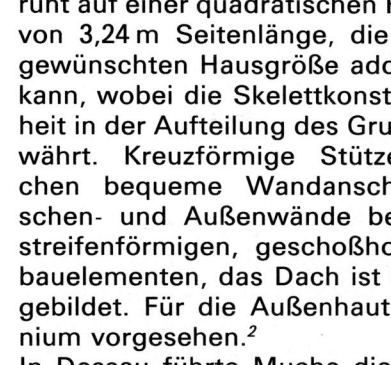

4

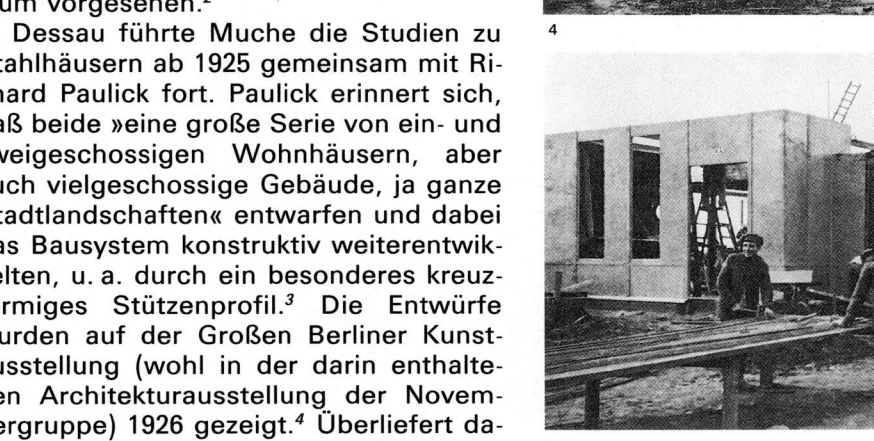

5

6

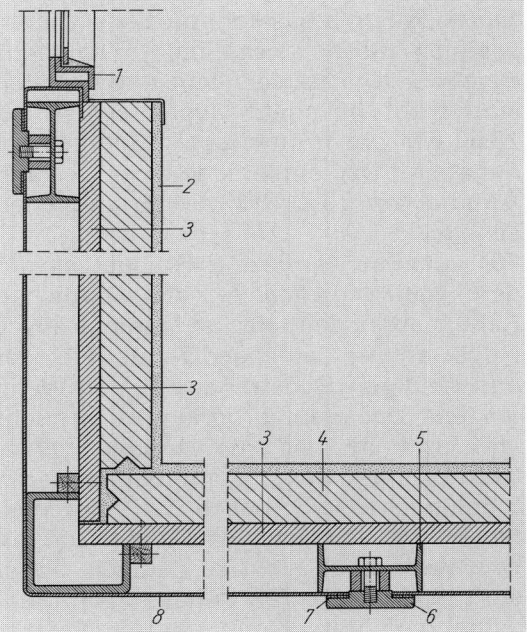

7

Georg Muche · Richard Paulick

lung des Geldes.[6] Nach Muche[7] zweigte Gropius aus den Mitteln für den Törtener Siedlungsbau einen Betrag in Höhe der für eine Wohnung geplanten Kosten ab. Da dies nach Muches Äußerung nicht ausreichte, ist anzunehmen, daß die ausführende Firma aus kommerziellem Interesse an diesem Experiment Fehlendes zuschoß. Die tatsächlichen Baukosten sind nicht bekannt. Muche selbst hat 28,50 RM pro m³ umbauten Raumes angegeben.[8] Das entspräche einer Gesamtsumme von 6350 RM, die zu gering erscheint.

Für den Bau wurde ein Grundstück auf dem Siedlungsgelände, am westlichen Rand neben dem des späteren Hauses Fieger an der damaligen Alten Leipziger und heutigen Südstraße, zur Verfügung gestellt. Das Raumprogramm entspricht im Zuschnitt und im Umfang (72 m² Grundfläche) etwa dem der anderen Siedlungshäuser. Ähnlich wie beim Weimarer Versuchshaus sind die Raumhöhen, wenn auch nicht so deutlich, abgestuft. Im hohen Teil liegen, nach Südosten gerichtet, Wohn- und Schlafzim-

mer mit etwa 3 m lichter Höhe. Im winkelförmig angelagerten niedrigeren Teil von etwa 2,40 m Raumhöhe befinden sich zwei weitere Schlafräume, die Wohnküche und das Bad in Kombination mit der Waschküche, ferner WC, Speisekammer, Abstellraum, Kohlenlager und Flur. Das Haus hat einen Haupteingang zum Flur und Austritte ins Freie vom Wohnzimmer und vom Bad aus. Der Kohlenraum ist nur von außen zugänglich. Die Systemmaße des Skeletts legten der räumlichen Ordnung des Innern gewisse Zwänge auf, etwa hinsichtlich der optimalen Anordnung von Türen, doch ist der Grundriß funktionell gut gestaltet.

Die Konstruktion folgt dem Bausystem für Stahlhäuser, das die Leipziger Geldschrank- und Tresorfabrik Carl Kästner AG eben entwickelt hatte. Auf einer gegen Feuchtigkeit und Kälte isolierten Betonplatte erhebt sich im Raster von 1,50 m × 4,50 m das Stahlgerüst, bestehend aus drei durch obere Riegel rahmenartig ausgebildeten Stützenreihen, auf denen quer die Deckenträger liegen. Es wurden Doppel-T-Normalprofile gerin-

6 Gespräch
C. Kutschke mit R. Paulick am 26. 9. 1975
7 Brief G. Muche an Bernd Grönwald v. 14. 2. 1980
8 Deutsche und österreichische Stahlhäuser. In: Moderne Bauformen 26 (1927) 7, S. 6

8

9

8 Eingangsseite
  von Südwesten

9 Eingangstür

10

Georg Muche · Richard Paulick

ger Dimension verwendet, für die Stützen NP 10. Die 3 mm starken Stahltafeln der Außenhaut sind durch von innen verschraubte Deckschienen, die zugleich der Fugendichtung dienen, an den mit ihrem Flansch parallel zur Wand stehenden Stützen befestigt. An den Ecken werden die Tafeln um eine aus 5 mm Stahlblech gefertigte kastenförmige Stütze herumgeführt. Zur Aufnahme der eisernen Tür- und Fensterrahmen sind die Stahltafeln an den Öffnungen umgebogen, ähnlich am Sockel für die Abdeckung der Aufstandsfuge. Die mehrschichtige Außenwand besteht aus der 3 mm starken Stahltafel, einer Luftschicht von 6 cm und der inneren Hintermauerung mit 2 cm Torfoleum-Dämmplatten und 5 cm Schlackenstein. Nach oben ist das Haus mit Zementdielen abgedeckt und mit 2 cm dicken Torfoleumplatten gedämmt. Die Innenwände und die Decken sollten ursprünglich aus verputzten Gipsschlackendielen bestehen. Verwendet wurden aber eigens aus England importierte Gipskartonplatten, die nur noch tapeziert zu werden brauchten.[9] Auch bei

der Ausführung der Außenwände gab es verschiedene, im einzelnen nicht dokumentierte Veränderungen gegenüber dem projektierten Wandaufbau. So wurde, was sich als nachteilig erwies, das Dämmaterial unmittelbar auf die Stahltafeln aufgebracht.

Die äußere Gestalt des Gebäudes ist den konstruktiv-technologischen Gegebenheiten des Montagebaus ebenso verpflichtet wie den rationalistischen Formprinzipien des Bauhauses. Zwei unterschiedlich hohe und versetzt ineinandergeschobene Quader bilden einen gestaffelten Baukörper. Seine Fassaden werden durch die Abdeckleisten über den Plattenstößen gleichmäßig strukturiert und erhalten durch die rechteckigen Tür- und Fensteröffnungen sowie die zum sonstigen streng winkligen Aufbau in Kontrast stehenden bullaugenartigen Rundfenster eine zusätzliche rhythmische Gliederung. Die Anordnung aller Elemente wirkt harmonisch und ausgewogen. Entgegen Muches Vorstudien, die auch eine farbige Gestaltung der Stahlhäuser vorsahen, ist das Äußere nur in Grau, Weiß und Schwarz gehalten. Zum Grau der Wandflächen kontrastieren die schwarz abgesetzten Gesimsleisten, die weißen Fensterrahmen sowie die weiß und schwarz gestrichenen Türen.

Das Stahlhaus blieb Eigentum der Stadt und wurde vermietet. Die Bilanz, die für seine Nutzung gezogen werden kann, ist allerdings nicht sehr positiv. Schon nach wenigen Jahren gab es Kritik. Den Bewohnern — so wird 1929 in einem Presseaufsatz festgestellt[10] — sei es im Winter zu kalt, im Sommer zu heiß. Rost breite sich in Decken und Wänden aus, und durchdringende Feuchtigkeit entstelle die Farben im Innenraum, das Haus sei so nicht bewohnbar. Die Ursachen dafür lagen im Aufbau der Außenwand, deren Wärmespeicherfähigkeit unter den angenommenen Werten blieb und deren Konstruktion durch das erwähnte unmittelbare Aufbringen des Dämmaterials auf die Stahltafeln nicht für die Ableitung von Schwitzwasser sorgte. Zur Behebung der Mängel wurden die Stahlwände mit einer in den Haupträumen 240 mm und in den Nebenräumen 115 mm starken Ziegelwand hintermauert. Hinter die äußeren Stahlfenster wurden von innen Holzfenster in den gleichen Abmessungen gesetzt. Die Grundrißgliederung blieb im wesentlichen erhalten. Der fehlende Windfang ist bald in Form einer gemauerten Veranda angebaut worden. In neuerer Zeit ging das Haus in private Hand über.

Im Jahre 1976 fand ein Besitzwechsel statt. Der neue Eigentümer setzte das Haus gründlich instand unter weitgehender Wahrung der ursprünglichen Substanz. So sind alle Innentüren heute noch original als glatte Sperrholztüren mit rötlichem Furnier vorhanden. Das neue Vordach über dem Eingang anstelle der wieder entfernten Veranda entstand nach einem Entwurf von Richard Paulick, der sich in seinen letzten Lebensjahren mit wachem Interesse der Pflege der Dessauer Bauhausbauten zuwandte.

Obgleich schon seit Mitte des 19. Jahrhunderts verschiedentlich Metall für die Konstruktion von Fertighäusern eingesetzt wurde, ist der von Muche und Paulick aufgegriffene Stahlhausbau eine typische Erscheinung der zwanziger Jahre unseres Jahrhunderts. Er nahm seinen Ausgang etwa ab 1923 von England. Gestützt auf die dort gebräuchlichen Konstruktionen entstand im April 1926 das erste deutsche Stahlhaus in Württemberg. Noch im gleichen Jahr entwickelten die Leipziger Geldschrank- und Tresorfabriken Braune & Roth sowie Carl Kästner AG verschiedene Stahlhaustypen. Dem ersten von Braune & Roth im August 1926 in Beucha bei Leipzig gebauten Haus folgte bald ein Versuchshaus, ebenfalls in Leipzig, der Carl Kästner AG. Das Dessauer Haus gehört also zu den frühen Beispielen des deutschen Stahlhausbaus, der in den folgenden Jahren größere Verbreitung fand, allerdings gegen 1930 hauptsächlich aus wirtschaftlichen Gründen wieder abebbte.[11] Es waren nicht primär technische, sondern kommerzielle Ursachen, die zur verstärkten Propagierung des Einsatzes von Stahl im Wohnungsbau führten. Zur Erhöhung des Stahlverbrauchs und damit Belebung der Konjunktur förderten Stahlindustrie und Reichsbehörden diese Entwicklung. Doch versprach der Stahlhausbau auch technologische und ökonomische Vorteile der Wohnhausproduktion. Auf der Tagung für wirtschaftliches Bauen in München 1928 wurden folgende hervorgehoben: Vergrößerung der nutzbaren Wohnfläche durch die geringere Wandstärke, Gewichtsreduzierung für das Bauen auf schlechtem Untergrund und wesentliche Verkürzung der Bauzeit.[12] Einzelne Architekten und Konstrukteure erkannten durchaus den in der Vorfertigung und Trockenmontage gegebenen Rationalisierungseffekt und sahen im Stahl einen geeigneten Baustoff für industrielle Hausproduktion.

Im Stahlhausbau waren verschiedene Konstruktionssysteme gebräuchlich. Bei den Stahlamellenbauten stellen die Wandbleche gleichzeitig die tragende Konstruktion dar. Die Stahltafelbauten weisen dagegen ein Skelett als Tragkonstruktion auf. Zu letzteren gehört das Dessauer Stahlhaus. Weniger in technischer als vor allem in gestalterischer Hinsicht nimmt es unter den zeitgenössischen Beispielen eine exponierte Stellung ein. Bei den englischen und ersten

10 Das Stahlhaus. In: Volksblatt für Anhalt v. 15. 1. 1929
11 Vgl. Spiegel, Hans: Der Stahlhausbau. Bd. 1: Wohnbauten aus Stahl. Leipzig 1928
12 Der Baumeister 26 (1928) 11, S. B 230—233

11

12

Georg Muche · Richard Paulick

deutschen Stahlhäusern wurde meist versucht, das Erscheinungsbild der mit traditionellen Methoden gebauten Häuser nachzuahmen. Manche Firmen bezeichneten es sogar als besonderen Vorzug, daß man ihre Stahlhäuser äußerlich nicht von einem verputzten Ziegelhaus unterscheiden könne. So weisen auch die Typenhäuser von Braune & Roth und Kästner ziegelgedeckte Steildächer und eine dem Mauerwerksbau entsprechende Öffnungsstruktur auf. Muche und Paulick machten sich von traditionellen Leitbildern frei und entwickelten die Gestalt des Hauses aus den neuen baustofflichen und fertigungstechnologischen Bedingungen. Ihr Stahlhaus ist wohl das erste, auf alle Fälle eines der wenigen Beispiele, die eine der industriellen Produktion entsprechende Formensprache aufweisen. Folgerichtig erscheint es in allen einschlägigen Publikationen über Stahlhäuser und wird aufgrund seiner modernen Form gegenüber traditionell gestalteten Häusern meist besonders hervorgehoben. Bruno Taut bildete das Haus in seinem Buch zu Problemen des Wohnbaus als neue zukunftsweisende Lösung ab.

Folgt man Muches Erinnerungen, dann fand sein Stahlhausprojekt am Bauhaus selbst wenig Gegenliebe. Gropius und das ganze Bauhaus hätten sich distanziert und er habe — allein gelassen — aus einem gewissen Trotz heraus das Metalltypenhaus verwirklicht.[13] Diese Einschätzung muß man wohl relativieren. Falls Gropius etwas gegen den Stahlhausbau hatte, dann sicherlich nicht prinzipiell, sondern nur gegen die Stahltafelbauweise, die im Vergleich zum Stahlskelettbau mit nichtmetallischen Außenwänden deutliche Grenzen aufwies. Gropius verfocht den Gedanken der Trockenmontage und bekannte sich in diesem Zusammenhang auch zu den Möglichkeiten des Metalls. Eines der beiden von ihm in der Weißenhofsiedlung Stuttgart 1927 ausgeführten Wohnhäuser wies ein mit Korkplatten ausgefachtes und nach außen mit Platten aus Asbestschiefer verkleidetes Stahlskelett auf. Das Muchesche Stahlhaus nahm Gropius 1927 in die zweite Auflage des Bauhausbuches »Internationale Architektur« auf. Am Bauhaus be-

11 Ein Haus der Firma Braune und Roth, ausgeführt in Leipzig

12 Ein Vierfamilienhaus der Firma Carl Kästner AG Leipzig

13 Muche, Georg: Blickpunkt. Sturm, Dada, Bauhaus, Gegenwart. München 1961, S. 129 und 168

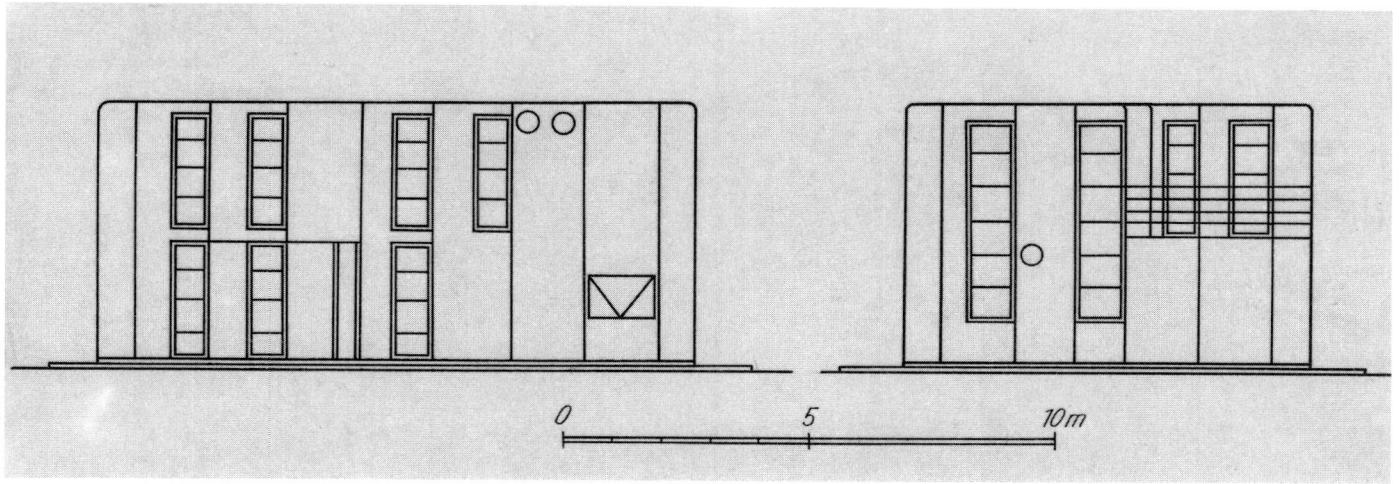

13

13 Haus Ackermann
in Greiz.
Aufriß 1. Entwurf

14 Haus Ackermann
in Greiz.
Aufriß 2. Entwurf

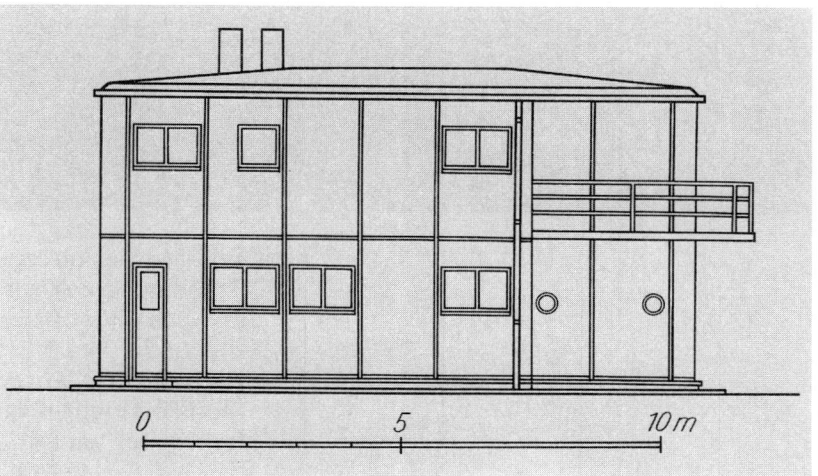

14

15

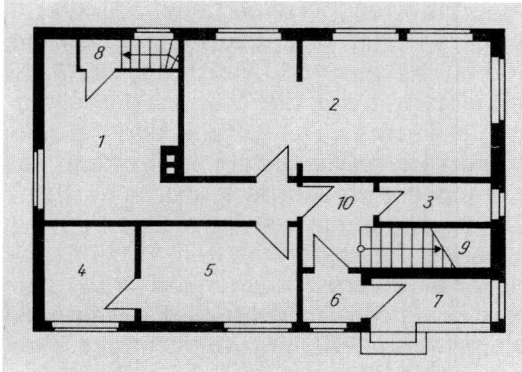

15 Haus Ackermann
in Greiz.
Grundriß des Erd-
geschosses
1 Küche
2 Wohnzimmer
3 Toilette
4 Bad
5 Arbeitszimmer
6 Diele
7 Veranda
8 Treppe und Keller
9 Treppe zum Ober-
geschoß
10 Flur

16

Georg Muche · Richard Paulick

schäftigte sich auch Marcel Breuer mit Stahlhausentwürfen. Seinem »Kleinmetallhaus Typ 1926« liegt ein Stahlskelett zugrunde, doch ist nicht ersichtlich, inwieweit und auf welche Weise andere Metallelemente verwendet werden sollten.[14] Bei einem zweiten Projekt, den BAMBOS-Häusern 1927, wird die Konstruktion näher als »Stahlskelett mit trokkenmontierten Füllplatten« erklärt.[15] Breuers wenig durchgearbeitete Studien sind bemerkenswert hinsichtlich der Konsequenz, mit der die Möglichkeiten des Stahlskelettbaus für offene und flexible Grundrisse sowie für eine neuartige Gestaltung des Baukörpers und seiner Umhüllungen genutzt werden.

In dem eingangs erwähnten Aufsatz entwickelte Muche, ausgehend von den beim praktischen Experiment gesammelten Erfahrungen, ein weitsichtiges Programm für eine rationelle Durchbildung

14 Vgl. Offset Buch- und Werbekunst 3 (1926) 7, S. 371—374
15 Breuer, Marcel: Kleinwohnungen vom Typ BAMBOS. In: bauhaus 3 (1928) 1, S. 12—13

79

von Stahlkonstruktionen, das schon deutlich in die Richtung des heute voll ausgeprägten Stahlleichtbaus weist. Die weitgesteckten Hoffnungen aber, die er an das Stahlhaus als Ausgangspunkt für den breiten Vormarsch des industriellen Hausbaus knüpfte, haben sich nicht erfüllt. In den sozial motivierten Bemühungen um die industriemäßige Bauproduktion jedoch nimmt das Dessauer Stahlhaus, so sehr es einer nur temporären technischen Entwicklungsrichtung des Wohnungsbaus verbunden war, einen geschichtlich bedeutsamen Platz ein.

Exkurs: Haus Ackermann in Greiz
Nach dem Entwurf Georg Muches wurde 1927/28 in Greiz ein Wohnhaus für die Familie des Studienrates Walter Ackermann errichtet. Das in massiver Bauweise ausgeführte Haus war ursprünglich als Stahltafelbau konzipiert, und Muche hatte bei dessen Projektierung Gelegenheit, die Dessauer Stahlhausgedanken weiter zu verfolgen.
Der in den Bauakten[16] enthaltene frühest datierte Entwurf vom 5. Januar 1927 zeigt den Typ eines unterkellerten zweigeschossigen Stahlhauses mit steilem Dach der Leipziger Firma Braune & Roth. Frau Ackermann war ehedem Sekretärin am Weimarer Bauhaus. Aus Interesse an der weiteren Arbeit dieser Schule knüpfte sie erneut Kontakte, was zur Folge hatte, daß Muche im April 1927 einen Gegenentwurf vorlegte. Dieser stellt faktisch eine zweigeschossige Variante des Dessauer Bausystems dar. Auf dem gleichen Grundraster sind die gleichen Bauteile angeordnet, so die über die gesamte Gebäudehöhe reichenden Stahltafeln, die im Verhältnis zwei zu eins geteilten Türen, die hohen schmalen Fenster und auch die kleinen Rundfenster. Die Baupolizei lehnte am 20. April 1927 diesen Entwurf mit der Begründung ab, daß »inmitten größerer und freundlich gestalteter Wohnhäuser« ein solch dachloses eigenartiges Bauwerk fehl am Platze sei. Sie empfahl dem Bauherrn, sich nach einem anderen Grundstück umzusehen, auf dem dieser Gebäudetyp ohne Beeinträchtigung vorhandener Bebauung ausgeführt werden kann. Trotzdem reichte Ackermann wenige Tage

17

18

später das Typenhaus von Braune & Roth ein, erhielt aber auch dafür keine Zustimmung. So erwarb er ein neues Grundstück an der Hermann-Löns-Straße, auf dem ihm der Bau eines Stahlhauses gestattet wurde, wobei die Baupolizei dem Giebelhaus von Braune & Roth den Vorzug gab. Ackermann beauftragte jedoch Muche mit der Überarbeitung seines ersten Entwurfes. Muches zweites Projekt folgt im konstruktiven Aufbau dem zweigeschossigen System der Carl Kästner AG mit jeweils nur geschoßhohen Stahltafeln. Anstelle der schmalen zimmerhohen Stahlfenster sind nun übliche zweiflügelige Doppelfenster aus Holz vorgesehen. Das Gebäude hat ein flachgeneigtes hölzernes Walmdach. Verbesserungen nahm Muche auch in der funktionellen Ordnung des Grundrisses vor. Die neuen Pläne wurden am 27. Mai 1927 eingereicht und ohne größere Beanstandungen am 10. Juni 1927 genehmigt.

Es ist nicht bekannt, weshalb das Stahlhaus doch nicht zur Ausführung kam. Kurzfristig wurde am 8. Juli 1927 ein neues Baugesuch mit Plänen für einen massiven Hohlsteinbau eingereicht, der dann durch die Bauhütte Greiz und Umgebung ausgeführt wurde. Muche, der das Bauhaus nach dem Sommersemester verlassen hatte, übernahm im September die Bauleitung. Der Bauabnahmeschein stammt vom 12. März 1928. Vom Stahlhausprojekt wurden die Grundrisse — bis auf das Hinzufügen eines Kellers — so gut wie unverändert übernommen. Doch hat der fertige Bau nun einen vollkommen anderen Charakter. Auf dem groben Natursteinsockel erhebt sich ein kompakter geputzter Mauerwerkskörper. Um den unterschiedlich großen und unregelmäßig verteilten Fenstern, die beim Stahlhausentwurf in die regelmäßige Deckleistenstruktur eingebunden waren, wieder einen Halt in der Fassade zu geben, faßt sie Muche durch braunrote Putzflächen zu rings um das Gebäude führenden Bändern zusammen, die im Kontrast zu hellen Putzstreifen stehen. Die Fensteranordnung folgt ganz den Bedingungen der Himmelsrichtung und nicht den Besonderheiten des Standortes. So kommt es, daß die wunderbare Aussicht ins Tal nach Norden nur durch die Küchenfenster zu genießen ist. Im Obergeschoß fehlen die Öffnungen an dieser Seite. Die innere Aufteilung des Hauses wurde im Laufe der Zeit sich verändernden Nutzungsbedürfnissen angepaßt. Vor allem aber verlor das Äußere in den sechziger Jahren alle Gliederung durch Putz und Farbe. So ist das ehemalige Wohnhaus Ackermann in seiner heutigen Gestalt letztlich nur ein Kompromiß aus einer interessanten Stahlhauskonzeption und den Bedingungen des Mauerwerksbaus zu begreifen.

Wohnhaus Fieger

Bauzeit: 1927
Entwurf: Carl Fieger

Carl Fieger war seit 1914 mit einer kurzen Unterbrechung von 1919–1921 Entwurfszeichner im privaten Baubüro von Walter Gropius und einer seiner engsten Mitarbeiter, außerdem ab 1927 nebenamtlich Lehrer in der Bauabteilung des Bauhauses. Im Zusammenhang mit den Törtener Siedlungsbauten ließ er für sich und seine bei Gropius als Sekretärin tätige Frau ein eigenes freistehendes Wohnhaus errichten. Das Grundstück dafür hatte er an der Alten Leipziger Straße (heute Südstraße), wenig entfernt vom Stahlhaus, erhalten. Bauplatz war eine bei der Errichtung des ersten Abschnittes der Reihenhaussiedlung benutzte Kiesgrube. Dies ersparte die Ausschachtungsarbeiten für die vollständige Unterkellerung. Der Bau des Hauses erfolgte im Sommer 1927. Die Bauhäusler Hans Volger und Heinz Nösselt waren als Praktikanten daran beteiligt. Das Haus wurde aus den für den zweiten Bauabschnitt der Reihenhaussiedlung bereitgestellten Mitteln mitfinanziert, kam zwar teurer als ein Typenhaus, war allerdings mit 74 m² Wohnfläche auch etwas größer.[1]

Als Grundlage für das Projekt benutzte Fieger den Entwurf eines Einfamilienhauses, den er für einen von ihm in der Zeitschrift »Bauwelt« publizierten Aufsatz entwickelt hatte. Er wurde nun dem Standort angepaßt und entsprechend den eigenen Bedürfnissen geringfügig modifiziert. Im erwähnten Aufsatz schrieb Fieger: »Noch immer suchen wir den Wohnorganismus, der mit klarster Folgerichtigkeit bei rationellster Raumausnutzung und Verwendung neuer technischer Ausstattungen es der Hausfrau erleichtert, allein zu wirtschaften.«[2] Der

1 In der Abrechnung des zweiten Bauabschnittes wird davon gesprochen, daß für das Versuchshaus an der Alten Leipziger Straße 2800 RM Mehrkosten entstanden seien. Da die Typenhäuser dieses Abschnittes für 10 600 RM verkauft wurden, könnte es sein, daß das Fiegersche Haus 13 400 RM gekostet hat.
2 Fieger, Carl: Die vereinfachte Haushaltung durch gute Organisation. In: Bauwelt 17 (1926) 40, S. 972

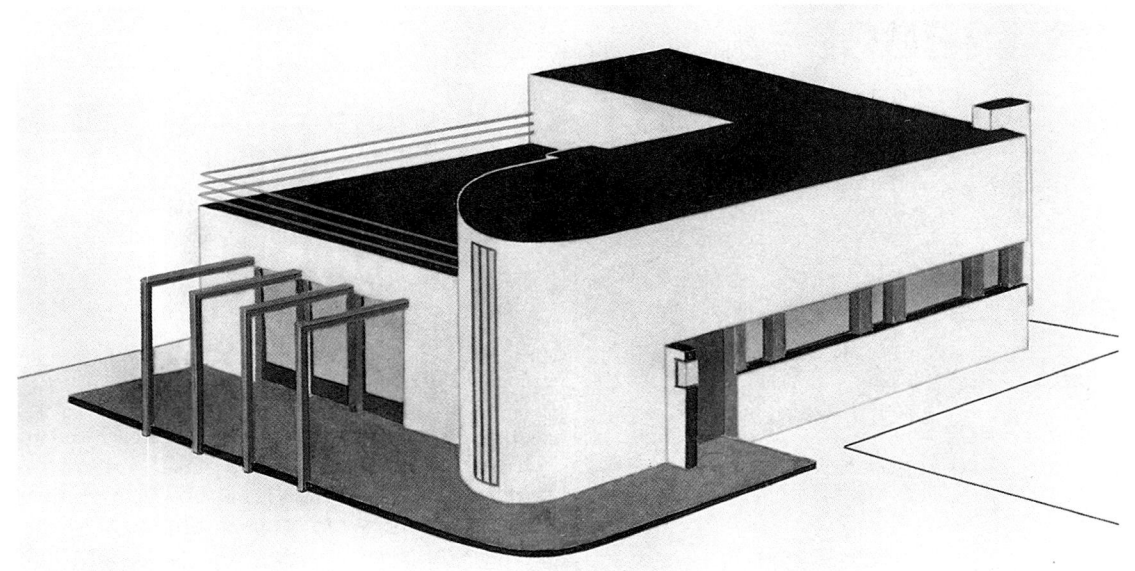

1 Entwurf
  für ein Kleinhaus.
  Isometrische Dar-
  stellung, 1927

1

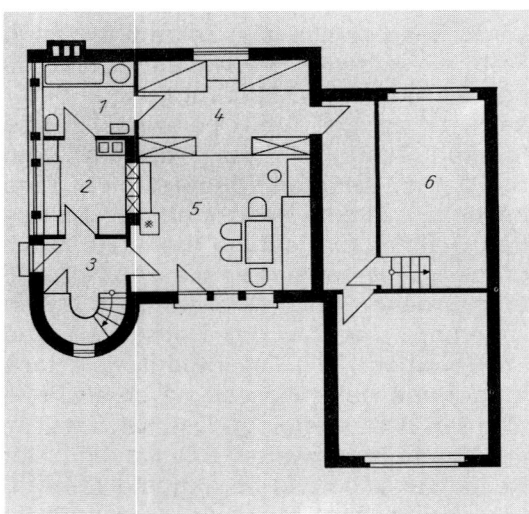

2

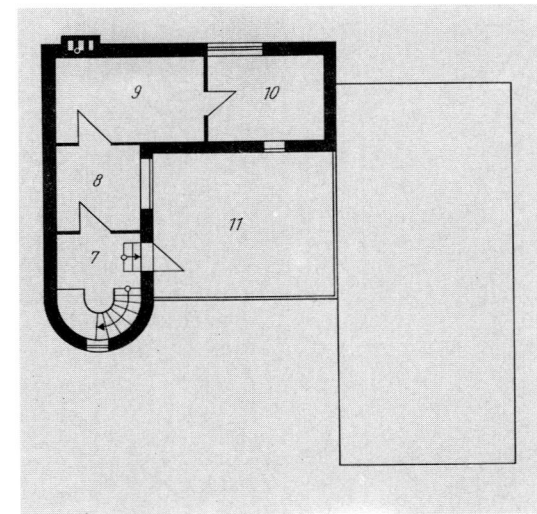

3

2 Grundriß
  des Erdgeschosses
  1 Bad
  2 Küche
  3 Flur
  4 Schlafraum
  5 Wohnraum
  6 Anbau
    (60er Jahre)

3 Grundriß
  des Obergeschosses
  7 Flur
  8 Arbeitsraum
  9 Gästeraum
  10 Abstellraum
  11 Dachterrasse

Carl Fieger

quadratische Grundriß des Hauses ist in diesem Sinne durch das Streben nach rationeller innerer Organisation der Wohnung gekennzeichnet. Im Erdgeschoß des zweigeschossigen Hauses befinden sich Wohn- und Schlafraum, beide nur durch Einbauschränke voneinander getrennt, ferner Küche und Bad. Die große Schiebetür zwischen Wohn- und Schlafzimmer und die Art der Möblierung machen es möglich, am Tage beide Räume als einen großen Wohnraum zu nutzen. Die Küche ist mit dem Wohnraum über eine Durchreiche im Einbauschrank verbunden und mit modernen Geräten ausgestattet. Eine halbrunde Treppe führt ins winkelförmige Obergeschoß, dem — aus dem Flur zugänglich — eine Dachterrasse vorgelagert ist. Es umfaßt Gästezimmer, Arbeits- und Abstellraum.

Der Bau ist in großformatigen Hohlblökken, ähnlich wie bei den Reihenhäusern, ausgeführt. Die gesamte Ausstattung fertigten die Bauhauswerkstätten nach den Entwürfen des Architekten Fieger. Im Wohnzimmer standen teilweise Stahlrohrmöbel, so eine Sitzgruppe mit rundem Tisch und Stühlen mit runden Sitzflächen.

Die Gestaltung des Äußeren ist dem sachlichen Stil des Architekturbüros Gropius verpflichtet. Der kubische Hauskörper wird durch das nach Westen vorspringende halbrunde Treppenhaus und die im Süden eingeschnittene Terrasse gegliedert. Nord- und Ostfassade sind relativ geschlossen. Die Fenster von Küche und Bad sind bandartig zusammengefaßt und haben eine hohe Brüstung. Das Treppenhaus hat ein vertikal durchlaufendes

4 Ansicht von Westen

4

Wohnhaus Fieger

5 Sitzgruppe
im Wohnzimmer

5

6

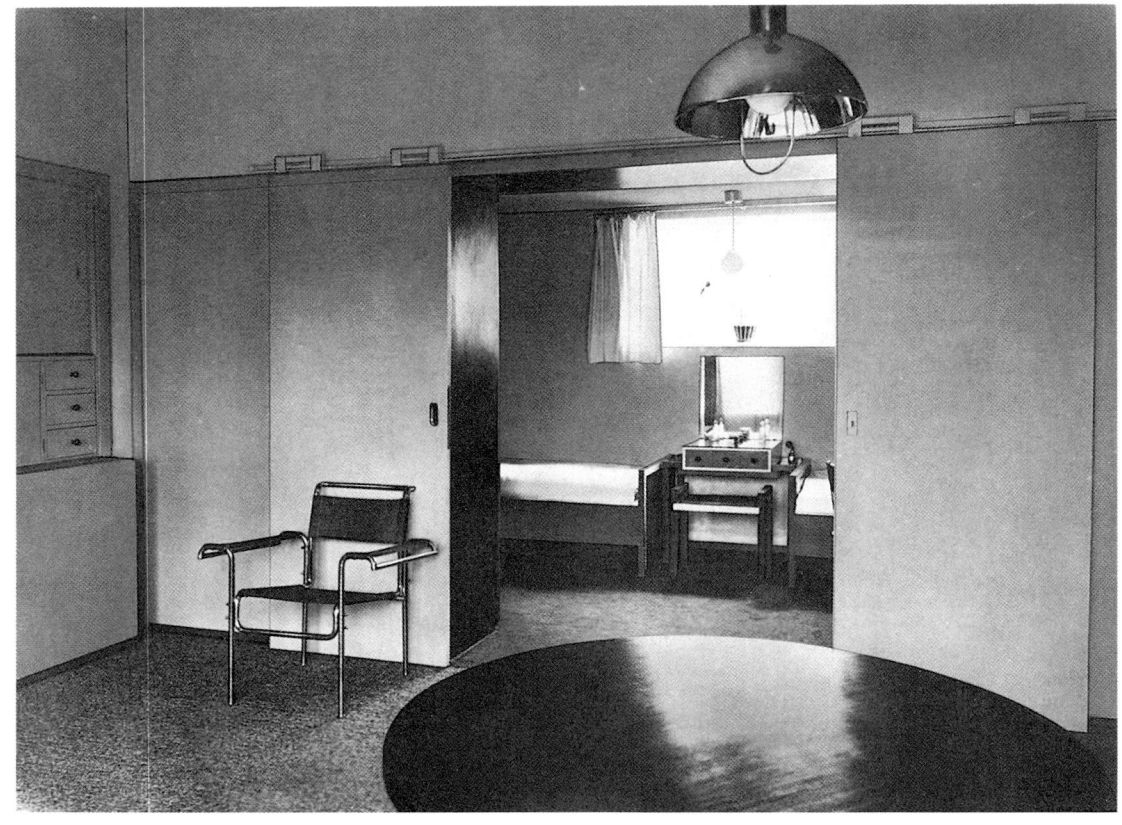

6 Blick aus dem Wohnraum
durch die Schiebetür in
den Schlafraum

Carl Fieger

7 Toilettentisch
   im Schlafzimmer

7

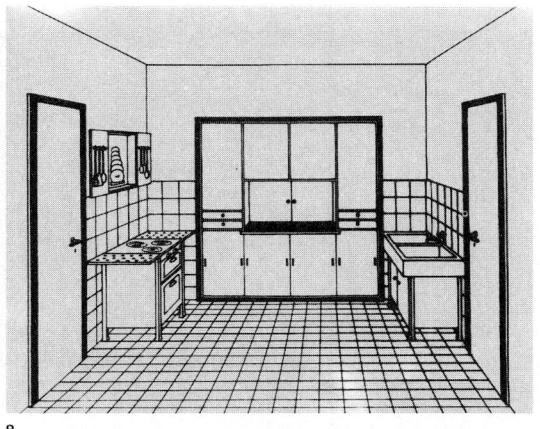

8

8 Küche mit Durch-
   reiche zum Wohn-
   zimmer.
   Entwurfszeichnung

9 Küche,
   Einbauschränke
   an der Fensterwand
   Entwurfszeichnung

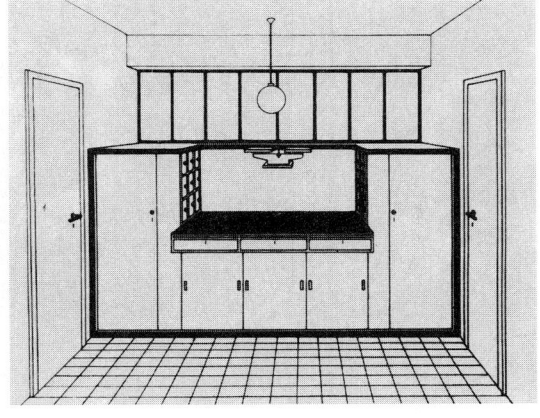

9

Fenster und der Wohnraum eine große
Öffnung zum Freisitz. Ursprünglich hatte
das Haus einen auffallenden, zitronengel-
ben Anstrich, gegen den das Kobaltblau
der Geländer, Fenster- und Türrahmen
gesetzt war.
Das Ehepaar Fieger bewohnte das Haus
erst kurze Zeit, als Gropius das Bauhaus
verließ und sein Büro nach Berlin ver-
legte. Fieger ging mit, und seine Frau
folgte bald nach. Das Haus wurde vermietet. Erst 1945 kehrten Fiegers nach
Dessau und in ihr Haus zurück. Wenige
Jahre nach dem Tode von Carl Fieger
1960 wurde das Haus verkauft und vom
neuen Mieter mit einem Anbau versehen,
der ein weiteres Zimmer und eine Garage
enthält. Die originale Raumstruktur blieb
bis heute im wesentlichen unverändert,
erhalten sind auch Teile der fest eingebauten Ausstattung wie die Schiebetür
zwischen Wohn- und Schlafzimmer, die
Durchreiche zur Küche und einige Einbauschränke. Dach- und Terrassenauf-
bau mußten wegen Dichtungsschäden
und mangelnder Wärmedämmung erneuert werden, und die früheren Stahlfenster

wurden teilweise durch Aluminiumfenster ersetzt.

Dieses Haus ist einziges ausgeführtes Beispiel in einer Reihe von Wohnbauentwürfen Fiegers. Experimentellen Charakter hat das 1923 entworfene Rundhaus aus Leichtbauplatten.[3] Für eine geplante, dann aber in dieser Weise nicht gebaute Siedlung der I. G. Farben Wolfen in Dessau entstanden 1927 Reihenhausentwürfe für Arbeiter und Beamte.[4] Fieger plädierte für eine wandlungsfähige Kleinstwohnung, in der die Zimmer kombiniert genutzt werden können. Die dafür erarbeiteten Entwürfe wurden auf der Deutschen Bauausstellung Berlin 1931 ausgeführt und erhielten einen Ehrenpreis.[5]

10 Ansicht von Westen,
Zustand 1977

10

3 Ein Versuchshaus des Bauhauses in Weimar. München o. J. (Bauhausbücher 3), S. 12
4 Fieger, Carl: Serienbau von Werks-Wohnungen. In: Bauwelt 18 (1927) 12, S. 321–322
5 »Die Wohnung unserer Zeit« auf der Deutschen Bauausstellung 1931. In: Moderne Bauformen 30 (1931) 7, S. 329–348. Wohnung Fieger m. Grundriß u. Foto S. 330–331.

Laubenganghäuser in der Siedlung Dessau-Törten

Bauzeit: 1929—1930
Auftraggeber: Spar- und Baugenossen-
schaft Dessau
Entwurf: Bauabteilung des Bau-
hauses unter Leitung von
Hannes Meyer

Die Laubenganghäuser sind Bauhausbauten im ureigensten Sinn des Wortes. Sie
gingen als Auftrag an die Bauabteilung
der Schule und wurden dort in Gemeinschaftsarbeit von Schülern unter Leitung
ihres Lehrers projektiert. Hannes Meyer
war 1927 als Leiter der neu einzurichten-
den Bauabteilung ans Bauhaus berufen
worden. Der von ihm entwickelte Ausbil-
dungsplan für Architekten fußt auf der
unmittelbar produktiven Verbindung der
Lehre mit der Baupraxis. An die Vermitt-
lung von Grundkenntnissen in der »Baulehre« schloß die Ausbildung im »Bauatelier«, als Produktivwerkstatt, an. »Aufbau
der Werkpädagogik über dem realen Auftrag«,[1] das war Meyers Bildungskonzept,
nach dem er — ab Frühjahr 1928 nun als
Direktor — die gesamte Ausbildung am
Bauhaus zu organisieren trachtete. Die
Laubenganghäuser nehmen in diesen Bemühungen als der »erste kollektiv gestaltete Bauauftrag« der Bauabteilung[2] einen
wichtigen Platz ein. Aber diese Wohnhäuser sind über den pädagogischen Aspekt
hinaus bedeutsam auch für die durch
Meyer bewirkte stärkere Hinwendung der
Bauhausarbeit auf die Bedürfnisse brei-
ter Schichten des Volkes. Bei keiner anderen architektonischen Leistung des
Bauhauses ist die soziale Zielfunktion des
Entwurfes so deutlich auf den Volksbedarf gerichtet und wird die gefundene Lösung so nachhaltig davon geprägt, wie
bei den Laubenganghäusern in der Reihenhaussiedlung Törten.

Die städtebauliche Anordnung der Laubenganghäuser beruht auf einem Erwei-
terungsplan für die Siedlung Dessau-Törten, den die Bauabteilung des Bauhauses

1 Meyer, Hannes:
Bauen und Gesell-
schaft. Schriften,
Briefe, Projekte.
Dresden 1980, S. 79
2 Ebda. S. 71

87

ab 1928 erarbeitete: Das in südlicher Fortsetzung der Gropiusschen Reihenhaussiedlung neu erschlossene Gelände wird streng rechtwinklig aufgeteilt. Von der Hauptstraße nach Osten abführende Zufahrtsstraßen kreuzen sich mit den in Nord-Süd-Richtung verlaufenden schmalen Wohnstraßen. An der Südseite der Zufahrtsstraßen sind dreigeschossige und am westlichen Rand des Geländes zur Hauptstraße hin viergeschossige Wohnblocks angeordnet. Für alle übrigen Flächen ist eine eingeschossige Einfamilienreihenhausbebauung entlang der Wohnstraßen vorgesehen. Auf dem Areal sind – mit Ausnahme der westlichen Randbebauung – 711 Wohnungen untergebracht, 180 davon in mehrgeschossigen Blöcken, 531 in den Flachbauten. Für die Einfamilienhäuser waren drei Typen vorgesehen: die gerade gereihten rechteckigen und L-förmigen Häuser und die im Zickzack gestellten rechteckigen Häuser mit Zwischenbauten. Grundrisse dafür sind nicht überliefert. Eine Studentengruppe der Bauabteilung, zu der u. a. Ernst Goehl und Hubert Hoffmann gehörten, beschäftigte sich mit experimentellen Typenentwürfen für Kleinhäuser, die sich möglicherweise auf diesen Siedlungsplan beziehen.[3] Für die mehrgeschossigen Wohnbauten wurde ausschließlich der Typ des Laubenganghauses gewählt.

Der Siedlungsplan ist Beispiel für die Mischbebauung von Wohngebieten, um die sich verschiedene Architekten zwecks Differenzierung des einförmigen Zeilenbaus in jenen Jahren stärker bemühten. So wandte sie Walter Gropius beim Bau der Dammerstocksiedlung in Karlsruhe 1927–1929 an und äußerte sich später auch theoretisch dazu.[4] Ludwig Hilberseimer, Lehrer für Städtebau am Bauhaus, beschäftigte sich in Planungsstudien damit. Die Beweggründe für eine solche Mischbebauung legte Hubert Hoffmann in der Zeitschrift »bauhaus« dar. Sowohl Siedlungshäuser als auch mehrgeschossige Miethäuser hätten Vor- und Nachteile, doch ihre Kombination habe den Vorzug, daß die Mieter der Wohnblöcke teilhaben könnten an der Weiträumigkeit und dem Gartenland der Siedlung und die Bewohner der Einfami-

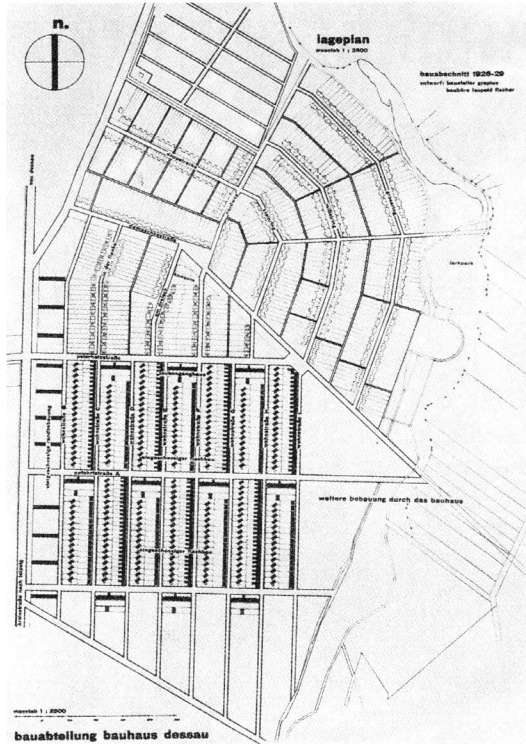

1

1 Bebauungsplan in südlicher Fortsetzung des Geländes der Reihenhaussiedlung. Bauabteilung des Bauhauses 1930.

2 Bebauungsplan, Isometrie

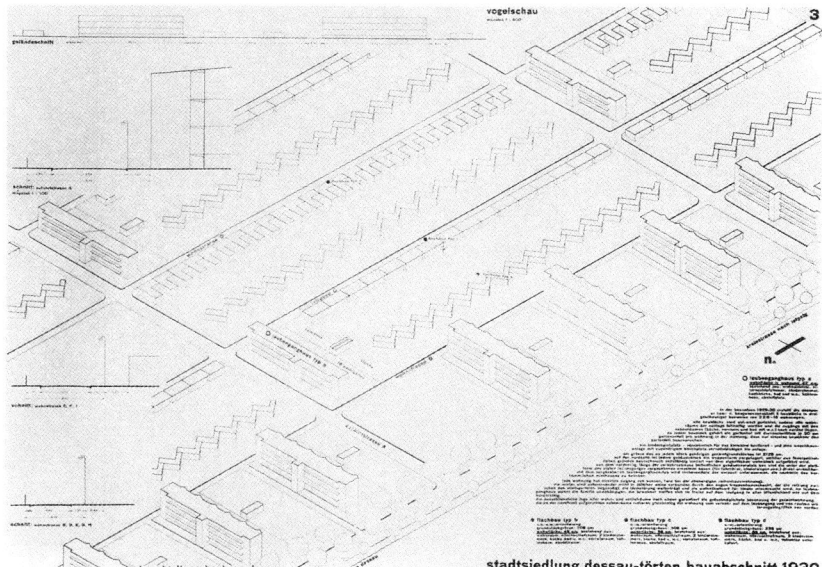

2

3 Vgl. Winkler, Klaus-Jürgen: Anschauungen und Werk des Architekten Hannes Meyer 1889–1954. Diss. B HAB Weimar 1988, S. 169 – Zum Siedlungsplan vgl. auch Wolfgang Paul: Zu den städtebaulichen Leistungen der Bauhausarchitekten. Diss. A HAB Weimar 1977, S. 143 ff.

4 Gropius, Walter: Flach-, Mittel- oder Hochbau? In: Moderne Bauformen 30 (1931) 7, S. 321–328 und: Hartmut Probst/Christian Schädlich: Walter Gropius, Bd. 3, Berlin 1987, S. 123–130

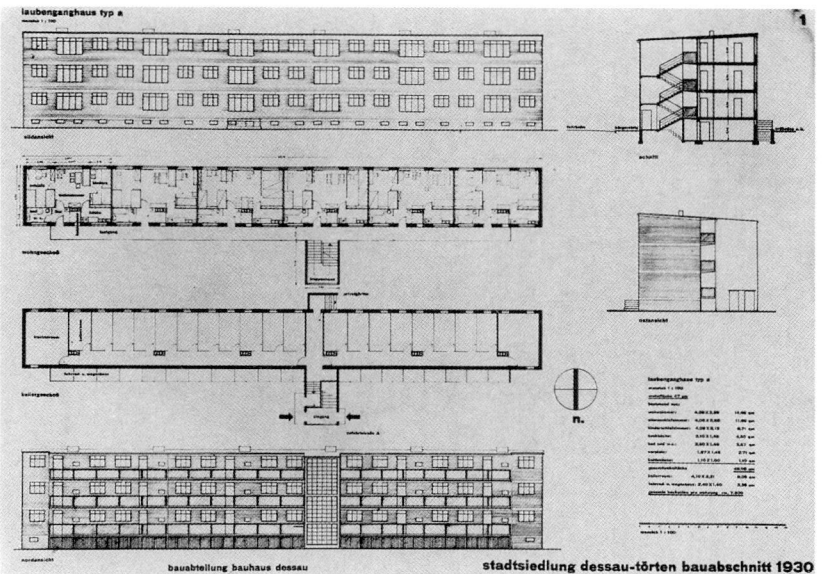

laubenganghaus typ a

bauabteilung bauhaus dessau

stadtsiedlung dessau-törten bauabschnitt 1930

3

3 Grundrisse,
Ansichten und Schnitt
eines Laubengang-
hauses

4 Grundriß
einer Wohnung
1 Wohnzimmer
2 Schlafzimmer
3 Kinderzimmer
4 Küche
5 Bad
6 WC
7 Flur
8 Laufgang

5 Hoffmann, Hubert:
Mietshaus oder Sied-
lungshaus? In: bau-
haus 3 (1929) 4,
S. 23–24
6 Brief Hannes Meyers
an Mart Stam v. 9. 7.
1928, Archiv Hannes
Meyer
7 Die Anlage dieser
Häuser, deren Entwurf
nicht bekannt ist,
könnte mit der Grund-
rißlösung überein-
stimmen, die sich auf
einer Zeichnung der
Ausbauwerkstatt zu
Kombinationsmöbeln
für die Siedlung Törten
befindet und die einen
Haustyp mit zwei
innenliegenden Trep-
penhäusern zeigt. Ver-
öffentlicht in: 50 Jahre
Bauhaus. Katalog der
Ausstellung Stuttgart
1968, S. 114

4

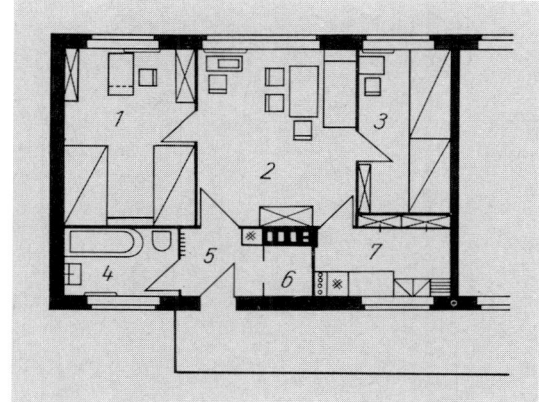

lienhäuser die Gemeinschaftseinrichtun-
gen der Mietshäuser mitgenießen könnten.[5] Bei der gemischten Bebauung ging
es nicht bloß um die städtebauliche Abwechslung, sondern vor allem um die soziale Mischung der Bewohner. Es hat, so
schrieb Hannes Meyer, Mühe gekostet,
»die Instanzen der Stadt von der Richtig-
keit dieser ›Mischbebauung‹ im sozialen
Sinne zu überzeugen«.[6] Doch offenbar ist
das gelungen. Nach dem Siedlungsplan
der Bauabteilung, der am 21. Oktober
1930 die endgültige Zustimmung des Gemeinderates erhielt, wurden das Straßen-
netz und die technische Infrastruktur dieses Siedlungsteiles angelegt. Von der
vorgeschlagenen Bebauung kamen zunächst nur fünf von insgesamt zehn Laubenganghäusern zur Ausführung. Die
übrige Bebauung folgte später anderen
Gesichtspunkten.

Bauherr der Laubenganghäuser war die
Dessauer Spar- und Baugenossenschaft.
Deren Aufsichtsratsvorsitzender Oberbürgermeister Hesse und Stadtrat Paulick führten die Verhandlungen mit den
Architekten des Bauhauses. Der Auftrag
dürfte 1928 erteilt worden sein, denn in
der damals publizierten Auftragsliste der
Bauabteilung ist ein Laubenganghaus mit
32 Wohnungen verzeichnet. Das Bauprogramm scheint aber dann erweitert worden zu sein. Als im Sommer 1929 der
Bauausschuß des Gemeinderates über
die Vorschläge der Bauhausarchitekten
zu befinden hatte, standen zwei viergeschossige Laubenganghäuser mit insgesamt 96 Wohnungen von 40 bis 56 m^2
Wohnfläche zur Diskussion.[7] Die Bewilli-
gung der Baupläne scheiterte am Einspruch der SPD-Fraktion, die eine Verrin-
gerung der Bauhöhe und der Wohnungs-
anzahl je Haus forderte. Bei der sich
anschließenden Überarbeitung des Entwurfes mußte berücksichtigt werden,
daß der von der Landesversicherungsanstalt Sachsen-Anhalt in Aussicht ge-
stellte Baukostenzuschuß den Bau mehr-
geschossiger Häuser zur Bedingung
hatte. So entstand die endgültige Lösung
mit den fünf dreigeschossigen Blocks für
die 90 Wohnungen. Der Gemeinderat bestätigte dieses Projekt im November
1929, billigte Anfang Dezember 1929 den

5

Hannes Meyer

6

7

Verkauf des stadteigenen Baugeländes für 1 RM pro m² an die Genossenschaft und erteilte zu Beginn des Jahres 1930 der Bauabteilung den Ausführungsauftrag.

Die Bauarbeiten begannen ebenfalls Anfang des Jahres. Bereits am 15. April fand das Richtfest statt. Am 1. August 1930 waren alle Wohnungen bezugsfertig, einige konnten bereits ab 25. Juli durch die Öffentlichkeit besichtigt werden.

Im Studentenkollektiv, dem die Projektierung und Bauleitung oblag, waren Walter Kaminski, Bela Scheffler, Philipp Tolziner und Hans Volger führend. Ferner läßt sich die Mitarbeit nachweisen von Ernst Goehl, Hubert Hoffmann, Konrad Püschel, Helmut Schulze, Willi Zierath, Hans Tetzner und Tibor Weiner. Die ausführenden Baubetriebe waren für Block I bis III (Peterholzstraße) die Anhalter Betonbaugesellschaft Dessau-Ziebigk, für Block IV und V (Mittelbreite) Bauunternehmer Lindemann aus Dessau. Die Bauhütte Anhalt hatte Teilleistungen übernommen. Finanziert wurden die Bauten durch die Landesversicherungsanstalt

8

Hannes Meyer

Sachsen-Anhalt (300000 RM) und die Sparkasse Dessau sowie aus Mitteln der Hauszinssteuer. Die Baukosten betrugen 8000 RM pro Wohnung.

Jedes der fünf in der Anlage völlig gleichen Häuser enthält 18 Wohnungen von je 47 m² Fläche. Die Blocks stehen einheitlich in Ost-West-Richtung. Südlich vorgelagert ist ihnen ein Garten mit 30 m² Anteil pro Wohnung. Der Lageplan weist ferner für jeden Block ein gemeinsames Waschhaus, einen Bleichplatz und einen Kinderspielplatz aus. Die Wohnungen werden über ein Treppenhaus und die offenen Außengänge an der Nordseite der Häuser erschlossen. Das Wohnzimmer und die von daher zugänglichen beiden Schlafzimmer für Eltern und Kinder sind nach Süden gerichtet. Zum Gang auf der Nordseite liegen der Eingangsflur mit der zentralen Heizung und seiner Kohlenbox, daneben an der einen Seite das Bad und an der anderen Seite die ebenfalls durch den Wohnraum zugängliche Küche. Der funktionell gut organisierte, aber aus wirtschaftlichen Rücksichten äußerst knapp bemessene Grundriß bot Möglichkeiten der räumlichen Variation. Bei zwei Blöcken wurde in den Wohnungen im obersten Geschoß die Trennwand zwischen Wohn- und Kinderzimmer herausgelassen, wodurch ein mehr als 23 m² großer Raum entstand. Die Entwurfszeichnung weist überdies unterschiedliche Möblierungsvorschläge aus. Den modernen hygienischen und kulturellen Forderungen an das Wohnen ist durch die Südlage der Hauptwohnräume und die mögliche Querlüftung, aber auch durch die Ausstattung mit WC, emaillierter Einbaubadewanne, Gastherme und Warmwasserheizung Rechnung getragen. Die mit Einbauschränken versehene Arbeitsküche entsprach den Forderungen der Reichsforschungsgesellschaft für Wirtschaftlichkeit im Bau- und Wohnungswesen. Am westlichen Ende jedes Laubenganges befand sich eine Einwurföffnung der als Rohr frei vor der Fassade angebrachten Müllschluckvorrichtung. Zu jeder Wohnung gehörten ein Kellerraum sowie eine Fahrrad- und Wagenbox unter dem Erdgeschoßlaubengang.

An der Ausstattung waren wiederum Bauhauswerkstätten beteiligt. Die Wandmalereiwerkstatt führte ruhige, abge-

Heutiger Zustand:
9 Treppenaufgang

9

tönte Anstriche aus und verwendete teilweise auch Bauhaustapeten. Die Tischlerei besorgte die Mustermöblierung dreier Wohnungen. In der Presse war darüber zu lesen: »Drei Wohnungen sind vollständig möbliert worden, so daß dem Besucher gleichzeitig auch eine Ausstellung moderner und billiger Möbel offensteht. Die Ausstellung soll zeigen, daß ein Mietshaus keine abstoßende Mietskaserne zu sein braucht, sondern sehr wohl freundliche, gesunde und arbeitssparende Wohnungen enthalten kann und daß eine Ausstattung solcher Wohnungen mit sachgemäßen, gefälligen Möbeln für den Wohnungsinhaber besser und bedeutend billiger ist als die sonst üblichen Wohnungsausstattungen.«[8] Genaue Unterlagen über die Ausstattung der Musterwohnungen sind nicht vorhanden. Man geht aber sicher nicht fehl, wenn man sie sich ähnlich vorstellt wie die im September 1929 zur Eröffnung des Leipziger Grassi-Museums gezeigte »Volkswohnung Bauhaus«, deren Gestaltung auf folgenden Prämissen beruht: »Eine Volkswohnung muß billig sein. Die Bauhauswohnung ist billig durch äußerste Platzausnutzung, minimale Raummaße, zeitsparende praktische Einrichtung.«[9]

Die Laubenganghäuser sind im traditionellen Mauerwerksbau ausgeführt. Auf den tragenden äußeren Längswänden ruhen die Hohlsteindecken und frei auskragenden Stahlbetonplatten der Gänge. Ein zur Straße hin leicht geneigtes Pultdach schließt die Gebäude nach oben ab. Es bedingt schräge Zimmerdecken in den oberen Wohnungen. Das Äußere ist unverputzt und wird vom Rot der Ziegelwände und Grau der durchlaufenden Stahlbetonstürze bestimmt. Die glatte Gartenfront erhält durch die gegenüber den anderen Öffnungen größeren und mit niedrigerer Brüstung versehenen Wohnzimmerfenster eine rhythmische Gliederung. Auf der Straßenseite schaffen das vorgezogene Treppenhaus und die Laubengänge kräftige Akzente in der blockhaften Erscheinung der Körper. An diesen Bauten scheint alles, auch das äußere Bild, aufs knappste bemessen. Doch sind sie architektonisch gestaltet. Allerdings beruht ihre Form nicht vordergründig auf bloßen formalen Mitteln, sondern

ist wesentlich aus den Potenzen gewonnen, die in der optimalen Zweckerfüllung, den technischen Gegebenheiten und der Beachtung höchster Wirtschaftlichkeit in Herstellung und Nutzung für die ästhetische Ausformung des Gebauten enthalten sind.

Die Laubenganghäuser fanden in der Öffentlichkeit eine günstige Aufnahme. Die örtlichen Pressevertreter, die sie schon am 24. Juli 1930 besichtigen konnten, äußerten sich durchweg positiv und beeindruckt. Zu Recht wurden die neuen Wohnungen als »Volkswohnungen« bezeichnet. Zwar mußte die ursprünglich kalkulierte Miete von 33 RM infolge höherer Baukosten auch erhöht werden. Doch bedeutete die endgültige monatliche Miete von 37,50 RM Spitzenposition unter vergleichbaren Wohnungen in Dessau und anderswo, deren Miete z. T. doppelt so hoch war. Allerdings hatten die Mieter einmalig einen Genossenschaftsanteil von 300 RM und einen Baukostenzuschuß von 600 RM — letzterer wurde mit 4 % verzinst — zu zahlen. Auch mußten sie laut Bedingung der die Bauten mitfinanzierenden Landesversicherungsanstalt Mitglied der Invalidenversicherung sein. Bewohnt

10

10 Südseite, Ausschnitt

8 Die Laubenganghäuser bezugsfertig. In: Volksblatt für Anhalt v. 23. 7. 1930
9 bauhaus 3 (1929) 4, S. 22 m. Abb.

11

11 Ansicht von Nord-
westen

12 Blick in den Außen-
gang

*10 Die in Block I in der
Peterholzstraße woh-
nenden Mieter hatten
folgende Berufe: Nr. 1:
Kontrolleur, Nr. 2:
Dreher, Nr. 3: Kauf-
mann, Nr. 4: Brauer/
Arbeiter, Nr. 5: Dreher,
Nr. 6: Tischler, Nr. 7:
Schrankenwärter/Ver-
käuferin, Nr. 8: Post-
helfer, Nr. 9: Monteur,
Nr. 10: Dreher, Nr. 11:
Bäcker, Nr. 12: Vermes-
sungstechniker, Nr. 13:
Kaufmännischer Ange-
stellter, Nr. 14:
Schlosser, Nr. 15: Bier-
fahrer, Nr. 16: Monteur,
Nr. 17: Dreher, Nr. 18:
Musiker. Nach dem
Adreßbuch der Stadt
Dessau, Stadtarchiv
Dessau*

12

wurden die Laubenganghäuser von Ar-
beitern und kleinen Angestellten.[10]
Daß die Wohnungen den Bedürfnissen
der Bewohner entsprachen und auch
technisch gut ausgeführt waren, zeigt
der Umstand, daß bis heute kaum Veränderungen an den Gebäuden vorgenommen worden sind. Als nicht optimal funk-
tionstüchtig erwies sich offenbar der
Müllschlucker, so daß man ihn besei-
tigte. Aus den geflochtenen Drahtgelän-
dern der Laubengänge entstanden durch
Mörtelummantelung geschlossene Brüstungen. Am Treppenhaus wurde die
durchgehende Verglasung durch kleinere
Fenster ersetzt und die zweite Eingangstür wie auch die Kellerzugangstür zuge-
mauert. Im Innern sind teilweise die Ver-
bindungstüren zwischen den Wohnräu-
men versetzt worden, um Stellflächen für
die heute üblichen Schrankwände zu gewinnen.

Das Umfeld der Laubenganghäuser hat
sich allerdings gegenüber der damals
konzipierten Gestaltung stark verändert.
Einzig die 1930—1931 am westlichen Rand
der Siedlung zur Hauptstraße hin von der
DEWOG nach dem Entwurf von Richard
Paulick errichteten sechs viergeschossigen Mietshausblöcke entsprachen den
Absichten des ursprünglichen Planes und
auch den Gestaltvorstellungen der neuen
Architektur. Den Häusern wurde aber
1935 ein steiles Dach aufgesetzt, in das
inzwischen zusätzliche Wohnungen eingebaut sind. Anstelle der von der Bauabteilung des Bauhauses im Siedlungsplan
vorgeschlagenen Flachbauten entstanden zwischen 1935 und 1944 473 ein- und
zweigeschossige Häuser mit steilen Dächern.

So mögen heute die Laubenganghäuser
dem unvoreingenommenen Betrachter
als merkwürdiger Kontrast, wenn nicht
als Fremdkörper in dieser traditionellen
Einfamilienhaussiedlung erscheinen.
Doch versinnbildlichen sie nicht nur und
nicht in erster Linie unterschiedliche
Formauffassungen. Die Laubenganghäuser sind ebenso Beispiel für die sozial
wirksame architektonische Ausformung
eines Haustyps des Massenwohnungsbaus wie für die von gesellschaftlicher
Verantwortung getragene praxisbezo-
gene Bauhauspädagogik, die unter Han-

nes Meyer – u. a. an eben dieser Bauaufgabe – ihre volle Ausprägung erfuhr.

Es scheint, daß die Anwendung des Laubenganghauses für das geplante Wohnungsbauvorhaben vom Auftraggeber gewünscht wurde. Teilnehmer der Beratung des ersten Planvorschlages der Bauabteilung durch den Bauausschuß des Gemeinderates im Juni 1929 wiesen auf ein Vorbild in Hamburg und die damit gemachten positiven Erfahrungen hinsichtlich Mieten und Heizungskosten hin. Dort war 1926–1927 nach dem Entwurf der Brüder Frank ein großes Laubenganghaus errichtet worden. Der bis ins Mittelalter zurückzuverfolgende und später auch immer gebräuchliche Typ des Laubenganghauses fand unter den Bedingungen des sozialen Wohnungsbaus der zwanziger Jahre erneut besondere Aufmerksamkeit. So entwarf Gropius viergeschossige Laubenganghäuser für die Siedlungen Dammerstock in Karlsruhe 1927–1928 und Berlin-Siemensstadt 1929. Hilberseimer publizierte 1929 den Entwurf eines viergeschossigen Laubenganghauses mit Dachgarten, und der Wiener Architekt Anton Brenner, der von 1929 bis 1930 Lehrer im Bauatelier am Bauhaus war, hatte 1928 ein Laubenganghaus in Stahlbetonrahmenkonstruktion in Frankfurt a. M. gebaut. Es ist durchaus möglich, daß er seine dabei gemachten Erfahrungen wie auch die aus dem Wiener Volkswohnungsbau in das Törtener Projekt mit eingebracht hat.

Im Vergleich mit diesen und vielen anderen Beispielen ist die von der Bauabteilung des Bauhauses entwickelte Dessauer Lösung des Laubenganghauses eine durchaus eigenständige, durch die örtlichen Bedingungen, aber auch die soziale Denkweise der Bauhausarchitekten geprägte Leistung. Man kann ihre Qualität nicht besser charakterisieren als das in einer zeitgenössischen Pressenotiz geschah: »Was hier auf 48 m² Fläche an zweckmäßiger, ja raffinierter Raumausnutzung, an strahlender Lichtfülle und angenehmer Wohnlichkeit geschaffen worden ist, das ist einfach eine Leistung des Könnens der Architekten, mit der sich das Bauhaus als Hersteller der Entwürfe sehr wohl sehen lassen kann. Freundliche Räume, in die fast ungewöhnlich große Fenster Licht übergenug hineinfluten lassen, sind versehen mit den Wohnerfordernissen der Neuzeit: Gas, elektrisches Licht, Warmwasserheizung und Badeeinrichtung. Trotz Laubengang und Treppenhaus wohnen die Mieter unabhängiger voneinander als das im Mietshaus alten Stils der Fall ist.«[11]

Kann der Architektenleistung mehr Anerkennung widerfahren als es hier geschieht? Und ist diese positive Aufnahme der Laubenganghäuser nicht auch eine für uns heute noch ermutigende Bestätigung des von Hannes Meyer vertretenen Bildungs- und Erziehungskonzeptes, das bereits während des Studiums die soziale Verantwortung des Architekten zum Ausgangspunkt und Prüfstein eines praxisbezogenen architektonischen Entwurfes machte und in der Gemeinschaftsarbeit die unerläßliche Voraussetzung dazu sah?

Arbeitsamt

Bauzeit: 1927—1929
Auftraggeber: Stadt Dessau und Reichsanstalt für Arbeitsvermitt-
lung und Arbeits-
losenunterstützung
Entwurf: Walter Gropius

Im Ergebnis des politischen Kampfes der Arbeiter war nach der Novemberrevolution 1918 die Arbeitslosenversicherung eingeführt worden. Den schon früher vorhandenen Arbeitsnachweisämtern erwuchsen daraus erweiterte Aufgaben, zumal die Massenarbeitslosigkeit zur ständigen Erscheinung wurde. Die gesellschaftliche Funktion des Arbeitsamtes war durch politische, wirtschaftliche und soziale Aspekte bestimmt. In ihr verflochten sich Interessen der Arbeiter, Angestellten und Unternehmer, aber auch des Staates, der Gemeinden und der beruflichen Organisationen. Noch 1918 entstand das Reichsamt für Arbeit, aber erst nach Bildung der Reichsanstalt für Arbeitsvermittlung und Arbeitslosenversicherung am 1. Oktober 1927 wurden die örtlichen Arbeitsämter zusammengefaßt und der Zuständigkeit des Reiches unterstellt. Die im Arbeitsamt institutionalisierte sozialpolitische Einwirkung des Staates auf dem Arbeitsmarkt hatte neue bauliche Bedürfnisse zur Folge.[1] Vorhandene Gebäude reichten meist in der Kapazität nicht mehr aus und boten vielfach auch in der Raumstruktur nicht die optimalen Bedingungen. So zeigt sich bei Neubauten, die seit Mitte der zwanziger Jahre in größerer Zahl entstanden, das Bestreben, neuartige und dem Zweck besser entsprechende Lösungen zu finden. Das Dessauer Arbeitsamt ist dafür kennzeichnend und zugleich bedeutsam als Beispiel für die typische Ausformung der im Grunde neuen Bauaufgabe.
Im Januar 1923 schrieb der Vorsitzende des Dessauer Arbeitsamtes an den Magistrat, daß infolge der wachsenden Arbeitslosigkeit das vorhandene Gebäude

[1] Zur Geschichte der Bauaufgabe vgl. Goeschel, Albrecht und Schmidbauer, Gertraud: Stützpfeiler sozialer Sicherung. Bauten der Arbeitsämter und Ortskrankenkassen 1870—1970. In: Der Architekt 28 (1979) 1, S. 59—64

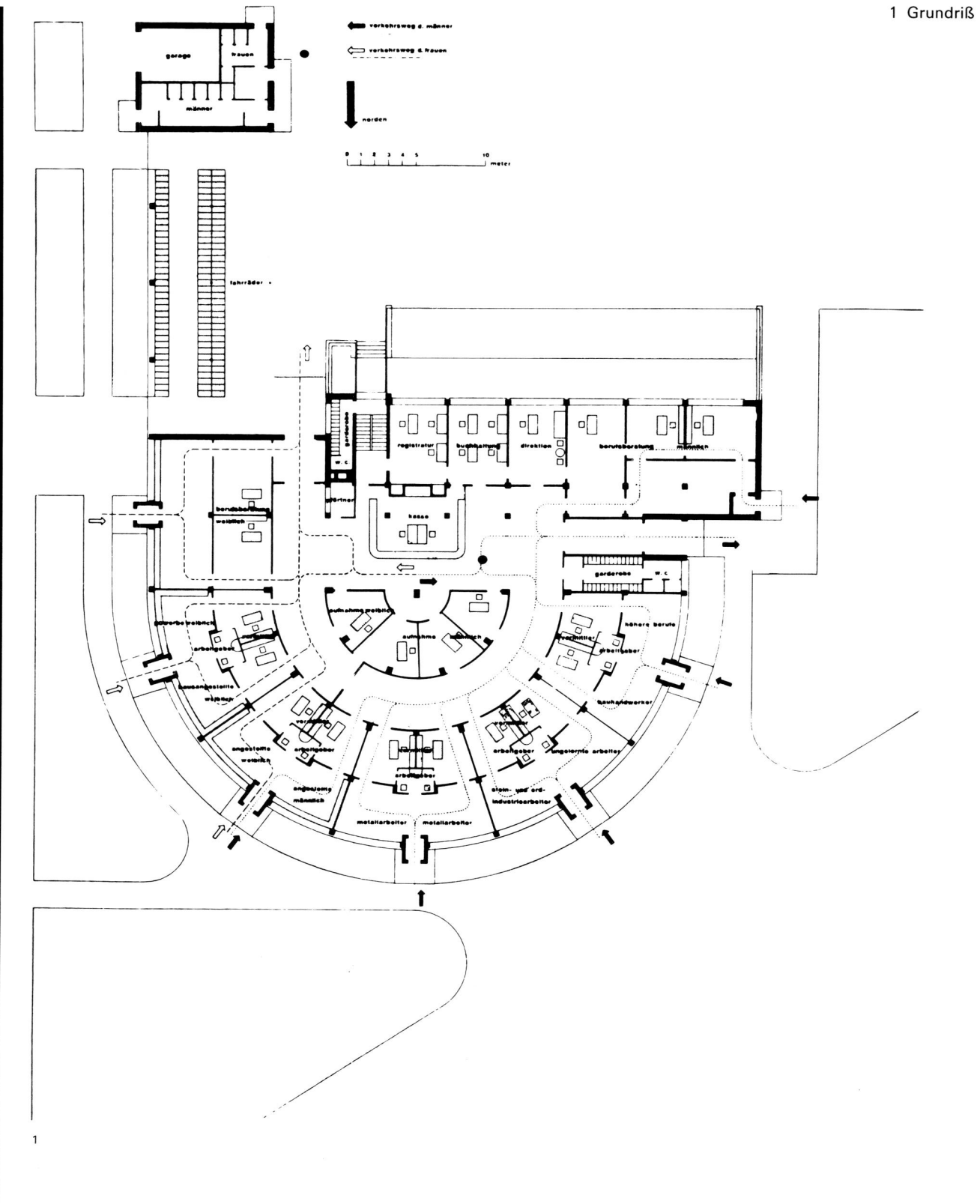

Walter Gropius

1

nicht mehr ausreiche und sich ein Neubau erforderlich mache. Als Standort dafür schlug er ein Grundstück in der Mauerstraße (heute Otto-Holz-Straße), auf dem Geländestreifen an der Friedhofsmauer gelegen, vor.[2] Ein Jahr später, am 16. Januar 1924, bewilligte der Finanzausschuß im Gemeinderat den Bau eines neuen Arbeitsamtes, für den Stadtbaurat Schmetzer eine erste Ideenskizze vorgelegt hatte. Doch zogen sich die Planungen noch längere Zeit hin. Schwierigkeiten gab es in der Finanzierung und wohl auch in der Konzeption des Raumprogrammes. Finanzielle Fördermaßnahmen für den Bau von Arbeitsämtern legte erst 1925 ein Erlaß des Reichsarbeitsministers fest, und der Stadt Dessau wurde im Dezember 1926 von der Reichsarbeitsverwaltung auch ein Darlehen bewilligt.

Für den Fortgang der Planungen wichtiger aber war, daß der nachmalige Berliner Stadtbaurat Martin Wagner 1925 eine Abhandlung über den Bau von Arbeitsämtern publiziert hatte, die genauere, aus der Funktion derartiger Gebäude hergeleitete Entwurfsgrundlagen enthielten.[3]

2 Lageplan

3 Ansichten und Schnitt

4 Stahlskelett des Flachbaus, Bauzustand am 18. August 1928

5 Baustelle, Bürotrakt von Südwesten

2 Alle Fakten und Daten sind, soweit nichts anderes vermerkt, den im Stadtarchiv Dessau vorhandenen Akten zum Arbeitsamt entnommen.
3 Wagner, Martin: Das Haus der Arbeit. In: Reichsarbeitsblatt 6 (1925) 26, S. 430–435 – Der Artikel wurde zusammen mit Abhandlungen anderer Autoren und Vorstellung von Beispielen im folgenden Jahr in einer Broschüre abgedruckt: Das neuzeitliche Arbeitsnachweisgebäude. Vorschriften, Rechtsfragen, bauliche Gestaltung. Stuttgart 1926 (Bücherei des öffentlichen Arbeitsnachweises, Serie II, H. 7/9)

2

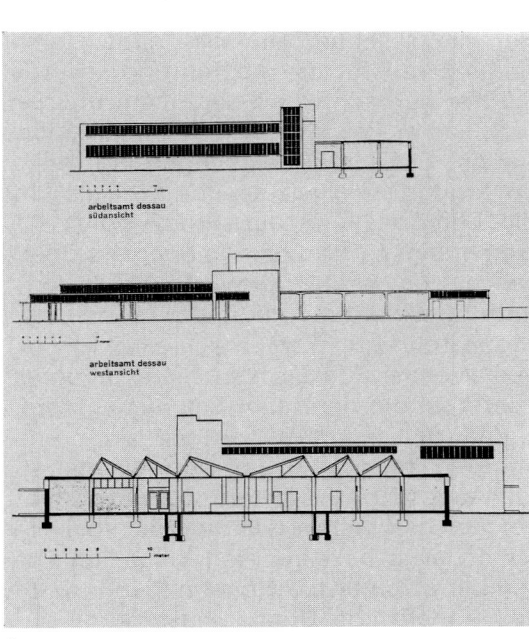

3

4

5

6

Der Dessauer Magistrat setzte sich mit Wagner in Verbindung und traf eine Vereinbarung über seine Mitarbeit bei der Vorbereitung eines Architekturwettbewerbes. Von dem ursprünglich geplanten offenen Wettbewerb sah man auf Vorschlag Wagners ab und lud nur Walter Gropius, Hugo Häring und Bruno Taut zu einem engeren Wettbewerb ein. Die Ausschreibung erfolgte Anfang 1927 mit einem Programm, das aufgrund der Vorarbeiten von Wagner sehr genaue Angaben über Anzahl, Zweck, Anordnung und Flächenbedarf der einzelnen Räume enthielt. Als Standort war nun der an die Mauerstraße angrenzende Askanische Platz (heute August-Bebel-Platz) ausgewiesen, der eine bessere städtebauliche Einordnung des Neubaus ermöglichte. Zur Jury gehörten Oberbürgermeister Hesse als Vorsitzender, der Architekt Martin Wagner, der anhaltische Landeskonservator Ludwig Grote, der Direktor des Landesarbeitsamtes Anhalt Lüttgens, Stadtbaurat Schmetzer und Stadtrat Paulick. Das Preisgericht tagte am 2. April 1927 und kam zum Ergebnis, daß keiner der eingereichten Entwürfe ohne Umarbeitung reif für die Ausführung sei. Die Wettbewerbsentwürfe sind nicht überliefert, und es ließ sich auch nichts über die Art der gefundenen Lösungen ermitteln. Im Ergebnis bewertete das Preisgericht die Beiträge von Taut und Gropius als gleichrangig. Die Entscheidung darüber, welcher der beiden Entwürfe für die Ausführung weiterbearbeitet werden soll, fiel zugunsten von Gropius aus, weil er seinen Wohnsitz in Dessau hatte. Gropius überarbeitete dann den Entwurf entsprechend den Forderungen der Jury und übergab ihn am 30. Juli dem Magistrat. Im August befürwortete der Präsident der Reichsarbeitsverwaltung die von ihm als neuartig bezeichneten Pläne. Im Dezember erfolgte die Genehmigung durch das Anhaltische Staatsministerium, und am 16. Februar 1928 beschloß der Dessauer Gemeinderat den Neubau des Arbeitsamtes.

Die Bauarbeiten begannen am 4. Mai 1928. Am 13. Mai 1929 wurde das fertige Gebäude mit einer offiziellen Veranstaltung seiner Bestimmung übergeben.

6 Ansicht von Nordwesten. 1929

7 Kasse im Zentrum des Flachbaus

8 Vogelschau

9 Fassade des Bürotraktes

10 Ansicht von Westen

Die Oberbauleitung war dem Städtischen Hochbauamt zugeordnet. Seitens des Bauateliers Gropius trug der Bürochef Otto Meyer-Ottens die Verantwortung, während Max Krajewski und Richard Paulick die Bauleitung vor Ort versahen. Ausgeführt wurde der Bau von der Bauhütte Anhalt G.m.b.H. Beteiligt waren außerdem die Dessauer Waggonfabrik (Stahlkonstruktionen), das Elektrizitätswerk und mehrere Dessauer Handwerksbetriebe. Die Arbeiten wurden durch Vertreter des Arbeitsamtes und der Abteilung des Inneren der anhaltischen Regierung sowie durch einen Gemeinderatsausschuß noch zusätzlich beaufsichtigt.

Nach Bildung der Reichsanstalt für Arbeitsvermittlung und Arbeitslosenversicherung 1927 war der Staat für den Bau von Arbeitsämtern und damit auch für die Finanzierung zuständig. Die Kosten für den Dessauer Neubau wurden vorerst aber von der Reichsanstalt, dem Land Anhalt und der Stadt Dessau zu je einem Drittel gemeinsam aufgebracht, wobei die Anteile der beiden letzteren als Darlehen an das Reich galten. Die reinen Baukosten betrugen 322.000 RM. Dazu kamen noch Grundstückskosten und das Architektenhonorar. Am 1. November 1928 wurden Grundstück und Gebäude des Dessauer Arbeitsamtes Eigentum der Reichsanstalt für Arbeitsvermittlung und Arbeitslosenversicherung.

Dem Arbeitsamt oblagen die Arbeitsvermittlung und die Barauszahlung der Arbeitslosenunterstützung. Das hatte einen ständigen Publikumsverkehr zur Folge, der allerdings saison- und konjunkturbedingt starken Schwankungen unterlag. Ihn zwecks reibungslosen Ablaufes zu kanalisieren, war zusammen mit der optimalen Lösung der Beratungs-, Kassen- und Verwaltungsfunktion eine wesentliche Forderung an die Grundrißbildung. Mit der herkömmlichen zellenartigen Bürostruktur konnte ihr nicht entsprochen werden. Die für Arbeitsämter nötigen neuen Entwurfsprämissen stellte Martin Wagner in seiner erwähnten Abhandlung von 1925 recht genau dar. Wegen des starken Besucherverkehrs sei ein Flachbau mit freier Zugänglichkeit von mehreren Seiten am günstigsten. Bei den sich

7

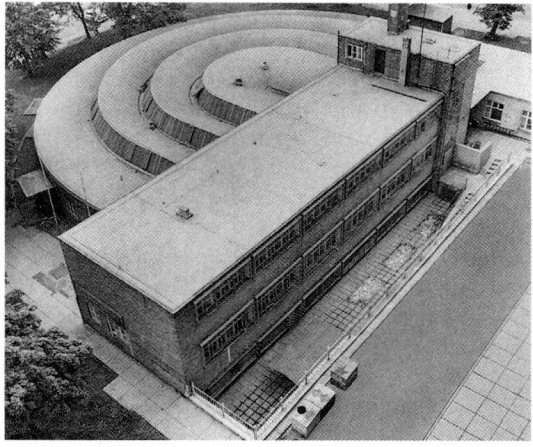

8

9

10

wandelnden Raumanforderungen müßten Um- und Anbauten jederzeit mit geringen Mitteln durchführbar sein. Die Grundrißaufteilung sei der einer Bank oder Börse verwandt. Die Büroräume sollten räumlich verbunden und die Abfertigungsräume mit getrennten Ein- und Ausgängen versehen sein. Aus der Forderung nach Trennung der Räume vor dem Schalter und ihrer Vereinigung dahinter leitet Wagner die Schlußfolgerung her, daß die von der Straße her zu betretenden Publikumsräume zweckmäßigerweise im äußeren Ring der Grundrißfläche, die Büroräume aber im Kern des Gebäudes angeordnet werden.

Es ist augenscheinlich, daß Gropius beim Entwurf des Dessauer Arbeitsamtes von diesen Empfehlungen ausging. Der ausgeführte Bau besteht aus einem in Ost-West-Richtung angeordneten zweigeschossigen Bürotrakt mit einem etwas höheren Treppenhaus, dem nach Norden hin ein halbkreisförmiger eingeschossiger Körper vorgelagert ist. Der Bürotrakt, dessen Erdgeschoß in die räumliche Ordnung des Flachbaus einbezogen ist, enthält im Obergeschoß — einhüftig angelegt — Geschäftszimmer, und auch das Kellergeschoß ist durch den vorgelagerten Lichtgraben für Bürozwecke nutzbar gemacht. Im halbrunden Flachbau befinden sich die Räume für den Publikumsverkehr. Sein äußerer Ring ist in fünf funktionell gleichartig organisierte Sektoren geteilt, die mit ihren zehn Abfertigungsstrecken eine nach Berufsgruppen sowie auch nach Männern und Frauen getrennte Arbeitsvermittlung ermöglichen. Jede dieser Abteilungen hat einen getrennten Zugang von außen. Der Weg des Arbeitslosen führt aus dem Warteraum durch das Vermittlungsbüro, dem auch eine Kabine für individuelle Gespräche mit Arbeitgebern zugeordnet ist, auf den halbkreisförmigen inneren Flur und von dort zum Ausgang oder vorher zur zentralen Kasse, um die Unterstützung in Empfang zu nehmen. In den mittig gelegenen Räumen findet die Neuregistrierung der Arbeitslosen statt. Die Abfertigungswege der Frauen und Männer sind im ringförmigen Flur durch eine bei verändertem Raumbedarf verschiebbare Schranke getrennt. Ergänzt werden die

der Arbeitsvermittlung dienenden Büroeinheiten durch ebenfalls mit Zugang von außen versehene Abteilungen für Berufsberatung. Die der Männer ist im Erdgeschoß des Bürotraktes, die der Frauen in gerader Fortsetzung des Halbrundes an der Ostseite angeordnet. An letztere schließt sich südlich ein Flügelbau mit Fahrradstand, Aborten und Garage an. Konstruktiv besteht der gesamte Bau aus einem Stahlskelett mit Wänden in einfachem Ziegelmauerwerk. Der halbrunde Flachbau wird in seinem zentralen Teil durch drei konzentrisch angeordnete Sheddächer von oben belichtet. Sie haben eine kittlose Verglasung und auf der Innenseite Heizstränge, die im Winter das Abtauen des Schnees gewährleisten sollen. Die Umfassungswände lassen unmittelbar unter der Dachkante ein rings um das Halbrund laufendes Fensterband frei, das die dahinterliegenden Warteräume belichtet. Sämtliche Fensterrahmen und äußeren Türen bestehen aus Stahl. Die Außenflächen des Gebäudes sind mit gelblichen Ziegeln verblendet.

Auch im Inneren des Flachbaus wurden die Wände nur zu knapp Dreiviertel der Raumhöhe hochgeführt und darüber bandartige Verglasungen angebracht. Diese stoßen gegen die horizontale Glasdecke unter den Sheddächern. So ist die gute Ausleuchtung aller Arbeitsplätze gewährleistet und zugleich räumliche Transparenz geschaffen, die auch etwas von der Skelettstruktur erlebbar macht. Im Publikumsbereich erhielten die Wände eine Verkleidung aus glasierten weißen Ziegeln. Die Fußböden bestehen aus naturfarbenem Steinholzestrich, nur in den Warteräumen ist Terrazzofußboden mit Messingbändern verlegt. Nach Gropius' Angaben waren die Bauhauswerkstätten an der Innengestaltung und Ausstattung beteiligt.[4] Die Tischlerei habe die Möbel, die Metallwerkstatt die Beleuchtungskörper geliefert und die Wandmalerei sämtliche Räume farbig gestaltet. Einzelheiten über die erbrachten Leistungen ließen sich nicht mehr ermitteln, zeitgenössische Fotos zeigen recht gemischtes älteres Büromobiliar.

Es scheint, daß der Neubau des Dessauer Arbeitsamtes in der Fachpresse zunächst wenig Aufmerksamkeit fand. Doch dürfte

4 Gropius, Walter: Bauhausbauten Dessau. München 1930, S. 202

11

sicher sein, daß Besucher des Bauhauses neben den übrigen Bauhausbauten auch dieses neueste Beispiel besichtigt haben. Ein späterer Zeitungsartikel verweist — allerdings unter negativem Aspekt — darauf, daß sich im Gästebuch des Amtes die Namen des sowjetischen Volksbildungskommissares Lunatscharski und des Botschaftssekretärs Winogradow befanden.[5] Die Lokalpresse bewertete den Bau im allgemeinen positiv, eingeschränkt meist nur hinsichtlich des äußeren Erscheinungsbildes. Anerkennung fanden die zweckmäßige Raumbildung, die gutdurchdachte Lenkung der Besucherströme und überhaupt die ausgezeichnete funktionelle Organisation der Arbeitsabläufe.[6] Bald aber wurden Klagen über Unzuträglichkeiten laut, so die aufwendige Reinigung des hellen Steinholzfußbodens. Nach dreijähriger Nutzung stelle der Leiter des Amtes fest, daß die Arbeitsräume mit Oberlicht »gewisse Nachteile an stimmungsmäßiger Wirkung auf die Angestellten« mit sich brächten.[7] Es traten auch erste Ausführungsmängel zutage. Das Dichtungsmaterial des Sheddaches tropfte in das Innere durch, und abfließende Klebemasse verstopfte die Innenentwässerung.
Die bald einsetzenden baulichen Veränderungen im und am Gebäude waren zum größten Teil durch Änderungen im inneren funktionellen Ablauf bzw. durch

notwendige Erweiterungen bedingt. Schon bis 1932 wurden mehrere Warte- und Vermittlungsräume durch Trennwände in kleine aufgeteilt, wurde der Garderobenraum im Rundbau in ein Dienstzimmer umgewandelt und das Abortgebäude als Meldestelle eingerichtet. Heizungstechnische Gründe erforderten die Erhöhung des Schornsteines um 3 m. Aus dem Jahre 1930 ist der nicht ausgeführte Entwurf für einen Anbau an den Verwaltungstrakt überliefert. 1935 wurde der Fahrradstand, den schon Gropius als Reservefläche vorgesehen hatte, baulich geschlossen und als Sitzungszimmer mit Nebenräumen eingerichtet. Gleichzeitig erfolgte die Umwandlung der bis dahin als Wartezimmer dienenden äußeren Räume des Rundbaus in Büros. Es kann angenommen werden, daß die heute vorhandenen Fensterdurchbrüche in der Außenwand zu eben dieser Zeit erfolgten, obgleich kein Hinweis mehr darüber existiert.
Nach Errichtung der faschistischen Diktatur verschärfte sich die Kritik am Gropiusbau. Die Nazis trugen stark politisch und ideologisch akzentuierte Angriffe gegen das Gebäude vor. Es galt als »undeutsch und unpraktisch im Stil«, als »typisch bolschewistisches Erzeugnis der Dessauer Bauhauszeit«, und es war nur folgerichtig, daß sich daraus die Forderung nach Abbruch ergab, zumal Göring — wie aus

5 Ein neues Gebäude abbruchreif. In: Der Mitteldeutsche v. 10. 8. 1937
6 Vgl. dazu Anhalter Anzeiger v. 11. 5. 1929 u. Anhalter Anzeiger v. 23. 6. 1929 (Interview mit dem Leiter des Arbeitsamtes)
7 Stadtarchiv Dessau, Akten Arbeitsamt, Band 1932–1934

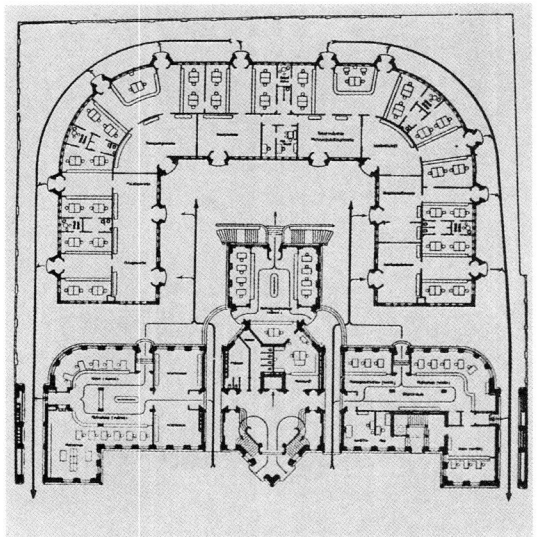

12

einer Pressenotiz ersichtlich – die Beseitigung der »kulturbolschewistischen« Bauten in Preußen angeordnet hatte.[8] Mit einem 1938 erstellten Gutachten, wonach das Gebäude zu 70 % für den dauernden Aufenthalt von Menschen ungeeignet sei, gab das Anhaltische Gesundheitsamt den Abbruchplänen wissenschaftlich bemäntelte Schützenhilfe. Die Neubauplanungen begannen 1937, zunächst für den gleichen Standort, später für ein Grundstück in der Mariannenstraße (heute Sophie-Nagel-Straße), das dann 1942 auch erworben wurde. Erhaltene Entwurfsskizzen zeigen Varianten eines herkömmlichen mehrgeschossigen Bürobaus in traditionellen Bauformen. Ein Baustopp für öffentliche Gebäude 1938/39 und der anschließende Krieg verhinderten den Neubau und damit den Abbruch des alten Arbeitsamtsgebäudes, das danach auch die Zerstörung der Dessauer Innenstadt unversehrt überstanden hat.

Nach Beendigung des Zweiten Weltkrieges war das Gebäude Sitz des amerikanischen und ab 3. Juli 1945 des sowjetischen Stadtkommandanten. Im Jahre 1958 wurde es dem Freien Deutschen Gewerkschaftsbund übergeben.

Das Dessauer Arbeitsamt kann als Prototyp für derartige Bauaufgaben angesehen werden. Gropius beschränkte sich bei der Formulierung der Entwurfsziele auf die rein professionelle Aufgabe:

einen Grundriß zu entwickeln, der es gestattet, »die Arbeitsvermittlung für eine große Anzahl Arbeitssuchender verschiedener Berufsgebiete mit einer möglichst geringen Anzahl von Beamten zu bewältigen.«[9] Die sinnvolle Ordnung der funktionellen Abläufe und die optimale Gestaltung der Nutzungs- und Arbeitsbedingungen verrät aber die auf den Menschen bezogene Denkweise des Architekten. Das Dessauer Arbeitsamt ist ein geradezu methodisches Beispiel für funktionalistische Architektur, freilich auch für deren Grenzen. Die Nutzungsgeschichte zeigt, daß die den Tätigkeiten so eng angepaßte Raumstruktur wenig offen für eine flexibele Nutzung war.

Ein Vergleich mit anderen damaligen Arbeitsamtsneubauten macht die hohe Qualität des Gropiusschen Entwurfes deutlich. Verwiesen sei hier nur auf das 1926 in Dresden gebaute Arbeitsamt, dessen neuartige räumliche Anlage in ähnlicher Weise aus der Spezifik der Tätigkeits- und Bewegungsabläufe gewonnen ist, aber doch in tradierte Leitbilder der Baukörper- und Raumgestaltung eingebunden bleibt und damit ihre gestaltprägenden Potenzen nicht voll ausschöpft. Gropius, der aus dem Dresdener Vorgängerbau zweifellos Anregungen entnahm, lieferte mit seiner Lösung ein bemerkenswertes Beispiel funktionalen Gestaltens. Das Dessauer Arbeitsamt besticht durch die Logik, mit der aus dem Zweck und den Möglichkeiten des Stahlskelettes neuwertige architektonische Form gewonnen wurde. Adolf Behne veranlaßte dies zu dem Urteil, daß der Bau durch seine »klare lebendige Gestalt noch weit über die Architektur des Bauhauses hinausweist.«[10]

12 Arbeitsamt in Dresden. 1926. Grundriß

8 Wie Anm. 5
9 Wie Anm. 4
10 Behne, Adolf: Zehn Jahre Bauhaus. In: Wohnungswirtschaft 7 (1930) 13, S. 256

Gaststätte Kornhaus

Bauzeit: 1929—1930
Auftraggeber: Schultheiss-Patzenhofer-
                Brauerei in Verbindung mit
                der Stadt Dessau
Entwurf: Carl Fieger

Wir beschließen die Reihe der hier vorzustellenden architektonischen Leistungen des Bauhauses in Dessau mit einem Gebäude, das zwar nur im erweiterten Sinn zu den Bauhausbauten gerechnet werden kann, aber in hervorragender Weise deren Geist verkörpert. Sein Schöpfer Carl Fieger war zur Zeit, als er es entwarf und ausführte, nicht mehr an der Schule tätig, doch hat er als nebenamtlicher Lehrer 1927/28 und mehr noch durch seine langjährige Tätigkeit im Architekturbüro Gropius einen nicht unwesentlichen schöpferischen Anteil an der praktischen Ausformung von Architekturideen des Bauhauses.

Die Bezeichnung der nordwestlich des Stadtzentrums am Elbeknie gelegenen Gaststätte rührt von einem Getreidespeicher her, den Herzog Leopold Friedrich Franz um die Mitte des 18. Jahrhunderts hatte erbauen lassen. Dieses stattliche dreistöckige »Kornhaus« wurde Anfang der siebziger Jahre des 19. Jahrhunderts abgerissen. Ihm gegenüber befand sich ein Förstereigebäude, und dem Forstbeamten war die Schankgerechtigkeit verliehen worden. Daraus entstand eine Gastwirtschaft, die 1908 in den Besitz der Schultheiss-Brauerei überging.[1] Diese ließ 1909 das bescheidene, unmittelbar vor dem Elbdamm gelegene Bauwerk erweitern. Der nur 8 × 10 m große zweigeschossige, in Fachwerk ausgeführte Anbau enthielt im Erdgeschoß die Küche und ein Büfett für die Bedienung des Gartens und im Obergeschoß den unterteilten Gastraum, dem auf der Höhe des Dammes zum Fluß hin eine verglaste Veranda vorgelagert war.[2] Im Bestreben, das beliebte Ausflugslokal als Stätte der

1 Volksblatt für Anhalt,
1. Beilage v. 7. 6. 1930
2 Stadtarchiv Dessau,
Mappe Kornhaus. —
Altes Kornhaus abgeb.
in: Anhalter Anzeiger,
Beil. »Die Heimat« v.
12. 4. 1930, S. 2

105

Erholung und des geselligen Lebens weiter auszugestalten, erwarb die Stadt Dessau 1926 das Gelände und kam mit der Schultheiss-Patzenhofer-Brauerei überein, darauf einen größeren, von letzterer zu finanzierenden Gaststättenneubau zu errichten.

Im März 1929 schrieb die Stadtverwaltung einen Wettbewerb zur Erlangung geeigneter Entwürfe aus, der Ende Mai entschieden wurde. Teilnahmeberechtigt waren in Dessau geborene oder wohnhafte Architekten, 21 Entwürfe gingen ein. Zum Preisgericht gehörten Oberbürgermeister Hesse, Stadtbaurat Berg/Berlin, Stadtbaurat Schmetzer/Dessau, Landeskonservator Grote und Brauereidirektor Hagemeister. Es wurde je ein zweiter Preis an Kurt Elster und an Anton Brenner (Lehrer am Bauhaus) vergeben. Den dritten Preis erhielten Hannes Meyer und die Bauabteilung des Bauhauses. Angekauft wurden die drei Entwürfe von Hermann Baethe/Carl Fieger, Leopold Fischer und ein weiterer von Kurt Elster.[3]

Carl Fieger hatte noch vor dem Wettbewerb seine Ideen für ein neues Kornhaus

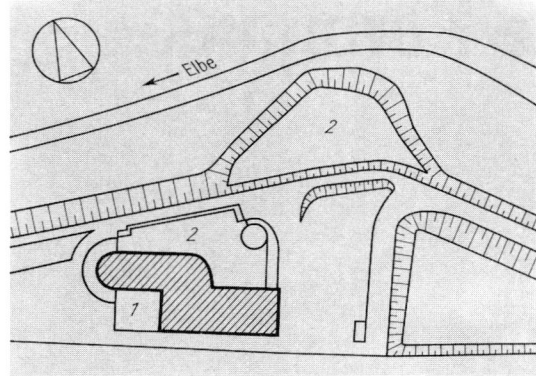

1 Lageplan
1 Hof
2 Terrasse

3 Anhalter Anzeiger v. 1. 6. 1929
4 Anhalter Anzeiger v. 7. 6. 1930 u. Beil. »Die Heimat« v. 14. 6. 1930 sowie Stein, Holz, Eisen 45 (1931) 9, S. 161—163

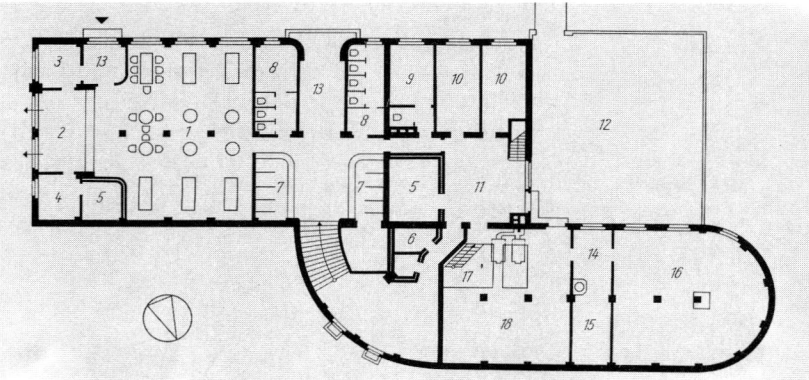

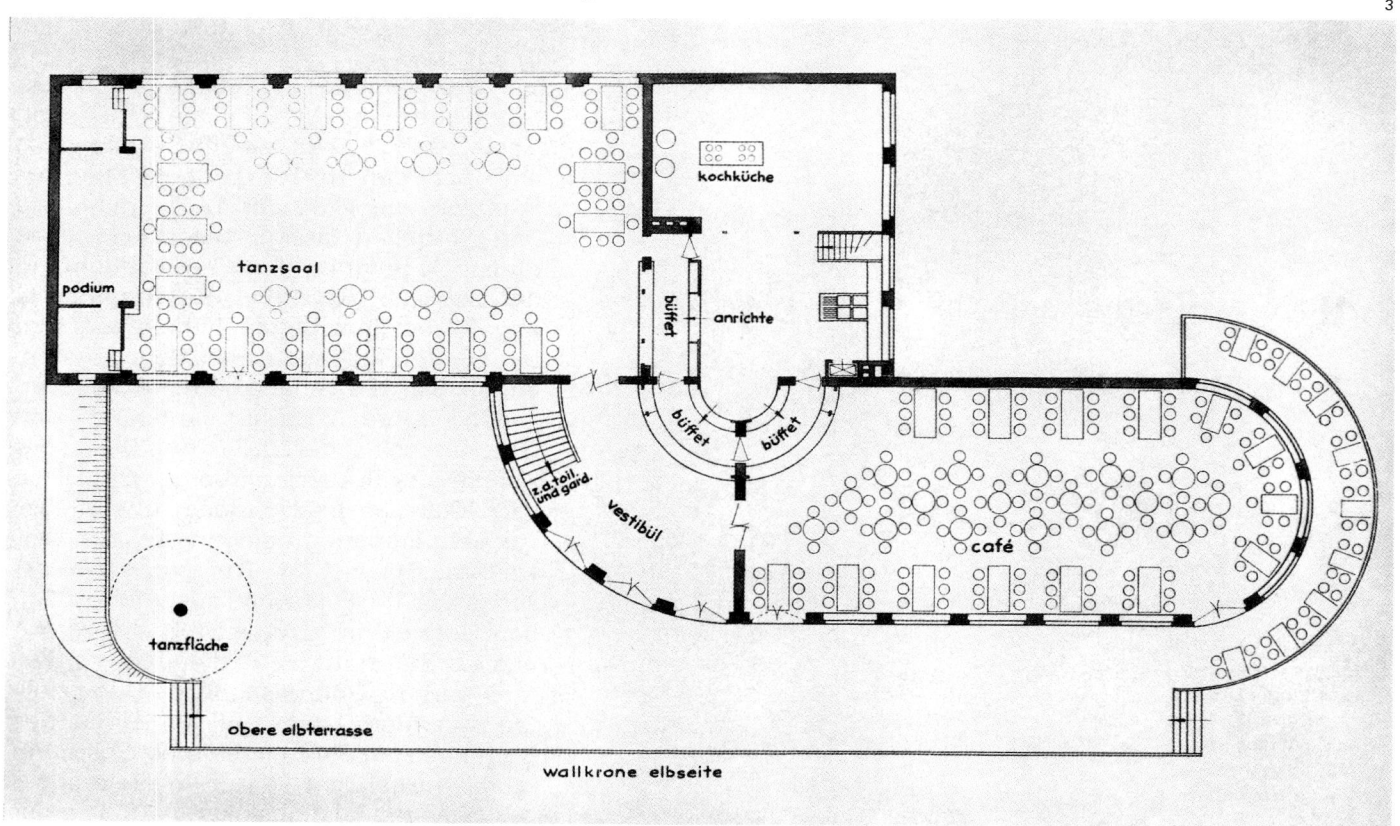

106

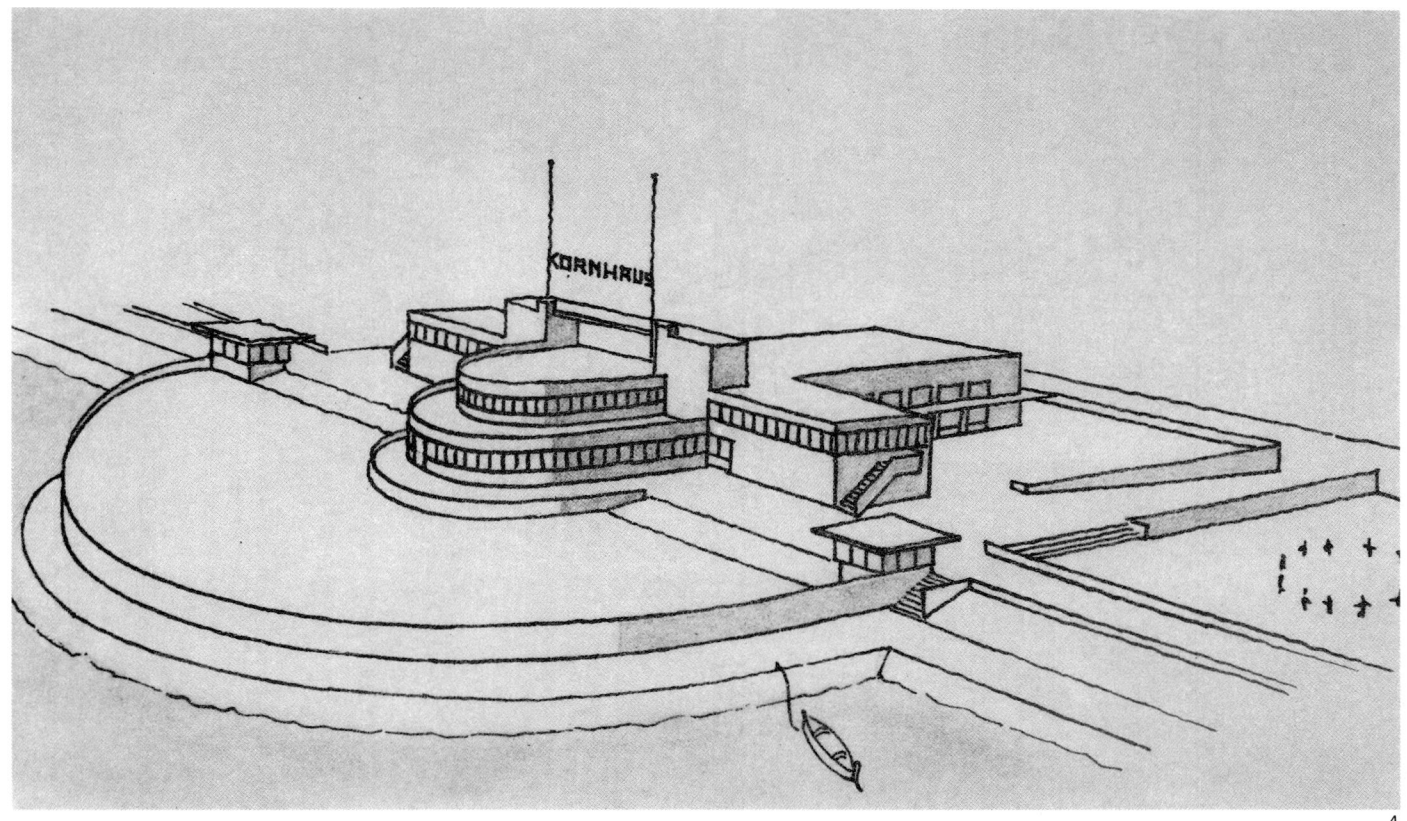

4

2 Grundriß
des Erdgeschosses
  1 Stehbierhalle
  2 Bufett
  3 Kaffeeküche
  4 Vorräte
  5 Bier
  6 Kühlanlage
  7 Garderobe
  8 Toilette
  9 Bad
  10 Personal
  11 Putzraum/Waren-
    annahme
  12 Wirtschaftshof
  13 Windfang
  14 Waschen
  15 Trocknen
  16 Abstellraum
    Räder und Kinder-
    wagen
  17 Heizgrube
  18 Kohlen

3 Grundriß
des Obergeschosses
(Originalblatt von
Carl Fieger)

4 Entwurf für ein
Kornhaus von Carl
Fieger

zu Papier gebracht. Der Entwurf zeigt einen großartigen Gaststätten- und Saalbau. Der Haupttrakt des T-förmigen Gebäudes steht senkrecht zum Fluß, die seitlichen Flügel folgen seinem Lauf. Die zweigeschossige Elbfront hat in der Mitte einen halbrunden, mit durchgehenden Fensterbändern versehenen Vorbau, dessen Obergeschoß zurückgestuft ist. Nutzbare Dachflächen, Terrassen am und vor dem Gebäude und insbesondere die weit in den Fluß geschobene halbkreisförmige Plattform schaffen ein reichliches Angebot von Freisitzen. Zum Wettbewerb selbst reichte Fieger zwei Entwürfe ein, einen unter seinem Namen, den anderen zusammen mit Baethe. Der erste Entwurf schlug einen winkelförmigen zweigeschossigen Bau mit umlaufendem Balkon und Dachterrasse vor. Er blieb ohne Preis. Der zweite Entwurf orientierte auf eine bescheidenere Lösung und war — verglichen mit den preisgekrönten Wettbewerbsbeiträgen — weniger kostenaufwendig. Das dürfte den Ausschlag dafür gegeben haben, daß er dem zu errichtenden Neubau zugrunde gelegt wurde.

Man kann wohl annehmen, daß die Vorstellungen über den auszuführenden Bau bald nach Beendigung des Wettbewerbes genauere Gestalt annahmen und die Bauarbeiten vielleicht noch Ende des Jahres begannen. Am 6. Juni 1930 wurde das neue Kornhaus festlich eingeweiht. Es hat 130 000 RM gekostet.[4]
Im Ausführungsentwurf sind die Zweckforderungen mit den Besonderheiten des Bauplatzes überzeugend zur Synthese geführt. Der im Grundriß gestaffelte zweigeschossige Baukörper steht mit der Längsseite hart am Elbdamm. Dem Obergeschoß ist eine bis an die Dammkrone reichende, jedoch um einige Stufen erhöhte Terrasse vorgelagert, die eine schöne Aussicht auf den Fluß bietet. Auf halber Höhe des Dammes liegt eine weitere, in die Nutzung einbezogene Terrasse und am Fluß die Dampferanlegestelle.
Im Erdgeschoß des Gebäudes befindet sich rechts vom Haupteingang die Stehbierhalle. Sie hat einen gesonderten Zugang von außen. Das Büfett ist auch für die Bedienung des Gartenrestaurants ein-

5

gerichtet. Links vom Eingang liegen Personal- und Lagerräume, zur Dammseite hin die Kühlanlage, die Heizung und der Kohlenbunker, eine Waschküche mit Trockenraum und ein Abstellraum für Fahrräder und Kinderwagen. Die Wirtschaftsräume sind vom ummauerten Wirtschaftshof her zugänglich. Aus dem Vestibül des Erdgeschosses führt an der kreisförmig gebogenen Außenwand eine Freitreppe in das obere Vestibül, von dem aus die Hauptgasträume erreichbar sind. Im Tanzsaal ist ein bühnenartiges Podium mit Nebenräumen eingebaut. Das zum Fluß liegende Kaffee hat eine halbkreisförmig gerundete Stirnseite mit balkonartig vorgebauter Terrasse. Ursprünglich als Freisitz gedacht, wurde sie aber schon während der Bauausführung durch eine auskragende Deckenscheibe überdacht und durch eine feinsprossige Glaswand geschlossen. Der zentralen Küche ist – funktionell günstig – ein U-förmiges Büfett vorgelagert, über das die Bedienung der einzelnen Bereiche erfolgen kann. Aus dem Vestibül und den Gasträumen führen Türen auf die Ter-

rasse, an deren Ecke sich ein Stahlbetonpilz über der Freilufttanzfläche erhebt. In den Plänen sind für die Stehbierhalle 60, den Tanzsaal 155 und das Kaffee 183, insgesamt also 398 Gaststättenplätze ausgewiesen. Hinzu kommen einige Hundert Freisitze auf der oberen und der unteren Terrasse sowie im Garten, so daß die in zeitgenössischen Publikationen genannte Gesamtkapazität von 2000 Plätzen nicht übertrieben sein dürfte.

Der Bau ist als kombinierte Skelett- und Mauerwerkskonstruktion in Stahlbeton und Ziegeln ausgeführt. Kräftige Stahlbetonunterzüge gliedern die weitgespannten Decken im Saal und im Kaffee. Es wurden durchweg hölzerne Schiebefenster verwendet. Auch die Türen sind in Holz ausgeführt. Der Saal ist mit Parkett belegt, alle anderen Räume hatten Linoleumfußböden. Die ursprüngliche Ausstattung war einfach, aber gediegen. In den Gasträumen hingen Bauhauskugelleuchten, an den Fensterpfeilern befanden sich einfache Soffittenlampen, und die Möblierung bestand aus Thonetstühlen. Über die originale Ausmalung ist

5 Ansicht von Westen. 1930

6 Der Saal,
  Blick zur Bühne. 1930

6

7

7 Das Kaffee,
  Blick zum Eingang.
  1930

8

9

nichts bekannt, doch darf man aus Fotos schließen, daß sie den am Bauhaus befolgten Grundsätzen der Farbgestaltung entsprach und auf hellen, auch farbig abgestuften Anstrichen beruhte. Bei aller Sachlichkeit der Gestaltung ist den lichtdurchfluteten Räumen doch eine heiterfestliche Stimmung eigen, und der Ausblick in die umgebende Natur trägt zum angenehmen Aufenthalt bei.

Funktionalität und Sachlichkeit bestimmen auch die äußere Erscheinung des flachgedeckten Bauwerkes. Scharfkantig-kubische und gerundet-zylindrische Körper prägen seine Gestalt. Der Saal erhebt sich — bedingt durch die erforderliche größere Geschoßhöhe — um weniges über die anderen Gebäudeteile. Ebene verputzte Wandflächen kontrastieren mit dicht gereihten Öffnungen. Die verglaste halbrunde Veranda des Kaffees schafft einen markanten Blickpunkt. In seiner zweckmäßigen Grundrißordnung und ausgewogenen Komposition ist das Kornhaus eine überzeugende architektonische Lösung im Sinne der am Bauhaus befolgten Methode des funktionalen Gestaltens.

Veränderte Nutzungsanforderungen führten in späterer Zeit zu einigen Umbauten. Die Stehbierhalle im Erdgeschoß wurde aufgegeben, der Raum mit Wänden unterteilt und die frühere Außentür durch ein Fenster ersetzt. Geringfügige Änderungen gab es auch im Bereich des zentralen Büfetts im Obergeschoß. Insgesamt aber blieb die originale Substanz weitgehend erhalten. So ist auch die heutige Gaststätte Kornhaus ein anschauliches Beispiel für Charakter und Qualität der nach den Architekturauffassungen des Bauhauses in Dessau entstandenen Bauten.

8 Elbseite mit Terrasse. 1988

9 Ansicht von der Eingangsseite her. 1988

Die Bauhausbauten als Beitrag zu einer neuen Architektur

Die Bezeichnung »Bauhausbauten« ist geläufig geworden vor allem durch das Buch von Walter Gropius »Bauhausbauten Dessau«, das 1930 in der Reihe der Bauhausbücher erschien. Zwar ist sie dabei eingeschränkt auf Dessau und die Autorenschaft von Gropius. Doch läßt sie sich sinngemäß verallgemeinern, wenngleich bedacht werden muß, daß die Schule selbst — auch nach Einrichtung der Bauabteilung 1927 — für nur ganz wenige Bauten unmittelbar Auftragnehmer war. Der Begriff »Bauhausbauten« erhält einen spezifischen Inhalt, wenn man darunter diejenigen Bauten subsumiert, die nach Entwürfen von Bauhausangehörigen während ihrer Zugehörigkeit zum Bauhaus ausgeführt wurden. Daraus ergibt sich folgende Liste der Bauhausbauten:

Bauhaus Weimar
Direktor Walter Gropius 1919–1925
1 Weimar, Versuchshaus des Bauhauses Am Horn
   1923
   Entwurf: Georg Muche,
   Projekt Bau-Atelier Gropius:
   Adolf Meyer,
   Walter March
2 Berlin-Lichterfelde, Haus Sommerfeld
   1920–1921
   Walter Gropius und Adolf Meyer
3 Berlin-Lichterfelde, Vierfamilienhaus
   1920–1922
   Walter Gropius und Adolf Meyer.
   Über den Wettbewerb ausführlich bei
   Erfurth: Das Kornhaus. In: Dessauer
   Kalender 1990, S. 72–75
4 Berlin-Zehlendorf, Haus Stoeckle 1921
   Walter Gropius und Adolf Meyer

5 Berlin-Zehlendorf, Haus Otte
   1921–1922
   Walter Gropius und Adolf Meyer
6 Jena, Umbau des Stadttheaters
   1921–1922
   Walter Gropius und Adolf Meyer
7 Weimar, Märzgefallenendenkmal
   1921–1922
   Walter Gropius
8 Alfeld an der Leine, Lager- und Ausstellungsgebäude der Landmaschinenfabrik Gebr. Kappe & Co.
   1922–1924
   Walter Gropius und Adolf Meyer
9 Alfeld-Gronau, Hannoversche Papierfabrik 1924
   Walter Gropius und Adolf Meyer
10 Alfeld an der Leine, Umbau des Wohnhauses Benscheidt Jr. 1924
   Walter Gropius
11 Jena, Haus Auerbach 1924
   Walter Gropius und Adolf Meyer
12 Kirchbraak, Fabrikgebäude August Müller & Co. 1925–1926
   Walter Gropius

Bauhaus Dessau
Direktor Walter Gropius 1925–1928
13 Dessau, Bauhausgebäude 1925–1926
   Walter Gropius
14 Dessau, Häuser für die Bauhausmeister 1925–1926
   Walter Gropius
15 Dessau-Törten, Siedlung 1926–1928
   Walter Gropius
16 Dessau-Törten, Gebäude für den Konsumverein 1928
   Walter Gropius
17 Dessau-Törten, Stahlhaus 1926–1927
   Georg Muche und Richard Paulick
18 Dessau-Törten, Wohnhaus Fieger
   1926–1927
   Carl Fieger
19 Stuttgart, 2 Wohnhäuser in der Weißenhofsiedlung 1927
   Walter Gropius
20 Berlin-Zehlendorf, Haus Lewin
   1927–1928
   Walter Gropius
21 Jena, Haus Zuckerkandl 1927–1928
   Walter Gropius
22 Dessau, Arbeitsamt 1927–1929
   Walter Gropius
23 Greiz, Haus Ackermann 1927–1928
   Georg Muche

24 Probstzella, »Haus des Volkes«
   1925–1927
   Hermann Klapproth, Alfred Arndt
25 Probstzella, Haus Bauer 1927–1928
   Alfred Arndt
26 Probstzella, Haus Großmann 1928
   Alfred Arndt

Bauhaus Dessau
Direktor Hannes Meyer 1928–1930
27 Mayen (Eifel), Haus Nolden
   1927–1928
   Hans Volger unter Leitung von Hans
   Wittwer
28 Bernau, Bundesschule des ADGB
   1928–1930
   Hannes Meyer und Hans Wittwer
29 Dessau-Törten, 5 Laubenganghäuser
   1929–1930
   Hannes Meyer mit Studenten der
   Bauabteilung

Bauhaus Dessau
Direktor Ludwig Mies van der Rohe
1930–1932
30 Berlin-Weißensee, Haus Lemke 1932
   Ludwig Mies van der Rohe
31 Berlin-Zehlendorf, Haus Blumenthal
   1932
   Ludwig Hilberseimer
32 Zvornik (Jugoslawien), Haus Selmanagić 1931
   Selman Selmanagić
33 Niederhausen, Haus Krum 1932
   Herbert Hirche

Bei diesen Bauten handelt es sich größtenteils um private Aufträge und damit auch um persönlich zu verantwortende Leistungen der Bauhausarchitekten. Doch sind sie vielfältig mit dem Wollen und den künstlerischen Auffassungen des Bauhauses verbunden, so daß sie zu Recht als »Bauhausbauten« bezeichnet werden können. Hinter ihnen steht – mal mehr, mal weniger – auch ein Stück kollektive Leistung, zumindest geistige Anregung der Schule. An vielen arbeiteten die Werkstätten des Bauhauses mit und brachten eigene Ideen ein. Die Bauten sind aber auch Ausdruck der Architekturprogrammatik des Bauhauses, sind praktische Beiträge zur Entwicklung eines neuen Architekturkonzeptes.

Das von Walter Gropius verfaßte und im April 1919 als Flugblatt gedruckte Programm des Bauhauses beginnt mit dem markanten Satz: »Das Endziel aller bildnerischen Tätigkeit ist der Bau!« Ihn zu schmücken – so heißt es weiter – sei die vornehmste Aufgabe der bildenden Künste gewesen. Nun aber stünden sie in »selbstgenügsamer Eigenheit«, sie müßten daraus erlöst werden durch ein neues Mit- und Ineinanderwirken aller Werkleute. Ziel des Bauhauses sei das Einheitskunstwerk, der große Bau.[1] Gropius bezeichnete ihn auch als Zukunftskathedrale, und der bekannte Holzschnitt von Lyonel Feininger auf der Titelseite des Bauhausprogramms symbolisierte das erstrebte Gesamtkunstwerk in dieser Weise. Als kollektive Leistung großer Handwerkergemeinschaften, der Bauhütten, wurde die gotische Kathedrale zum Sinnbild für eine neue, von großen Ideen getragene Baukunst. Die Novemberrevolution von 1918 hatte in breiten Kreisen der künstlerischen Intelligenz die nicht unbegründete Hoffnung auf Demokratisierung auch der Kunst im Sinne ihrer Verbindung mit dem Leben des Volkes erweckt. So vereinigte das erstrebte Einheitskunstwerk Gedanken der ästhetischen und sozialen Synthese gleichermaßen. Durch den »großen Bau« wollten die Künstler zur Erneuerung des menschlichen Daseins beitragen. Er war als baukünstlerische Vorgabe eines künftigen idealen Gesellschaftszustandes gedacht. Darin aber lag die soziale Utopie, an der seine Verwirklichung scheitern mußte.
Die abebbende revolutionäre Nachkriegskrise lenkte den Blick stärker wieder auf die gesellschaftlichen Realitäten. Am Bauhaus begann eine Diskussion zur Neubestimmung der künstlerischen und pädagogischen Arbeit. Ergebnis war eine für die soziale Wirksamkeit der Bauhausarbeit wichtige Weiterentwicklung des Programms.
In den »Grundsätzen der Bauhausproduktion« formulierte Gropius 1924 die neu gewonnenen Positionen: »Das Bauhaus will der zeitgemäßen Entwicklung der Behausung dienen, vom einfachen Hausgerät bis zum fertigen Wohnhaus. In der Überzeugung, daß Haus- und Wohngerät untereinander in sinnvoller Beziehung

1 Programm des staatlichen Bauhauses in Weimar, Flugblatt, Weimar, April 1919, vgl. Probst/Schädlich: Walter Gropius. Bd. 3: Berlin 1987, S. 72

stehen müssen, sucht das Bauhaus durch systematische Versuchsarbeit in Theorie und Praxis — auf *formalem, technischem* und *wirtschaftlichem* Gebiete — die Gestalt jedes Gegenstandes aus seinen natürlichen Funktionen und Bedingtheiten heraus zu finden. Der moderne Mensch, der sein modernes, kein historisches Gewand trägt, braucht auch moderne, ihm und seiner Zeit gemäße Wohngehäuse mit allen der Gegenwart entsprechenden Dingen des täglichen Gebrauchs.«[2]

Den ideellen Ausgangspunkt dieser neuen Sicht der Bauhausarbeit hatte Gropius bereits 1923 in die Formel »Kunst und Technik, eine neue Einheit« gefaßt. Mit dieser Forderung verband sich zunächst die Hinwendung zur Industrie, zur künstlerischen Gestaltung der industriell produzierten Gebrauchsgegenstände. In der künstlerischen und pädagogischen Arbeit wurde der Schritt von der kunstgewerblichen Gestaltungsweise zur Industrieformgestaltung getan. Am Dessauer Bauhaus prägte sich das neue Berufs- und Ausbildungsprofil voll aus. Die Losung »Kunst und Technik, eine neue Einheit« lenkte aber auch das architektonische Denken in eine andere Richtung. In der Zielvorstellung wurde die visionäre Zukunftskathedrale, der »große Bau«, durch die realen Bauprobleme, durch die sozialen Anforderungen des Wohnungsbaus ersetzt. In Theorie und Praxis, mit experimentellen Entwürfen und ausgeführten Bauten trugen Angehörige des Bauhauses wesentliches zur Ausarbeitung jenes progressiven Architekturkonzeptes bei, das seine Schöpfer selbst »Neues Bauen« nannten und das wegen der zugrunde liegenden schöpferischen Methode auch als Funktionalismus bezeichnet wurde und wird.

Der Entwurf für eine neue Architektur beruhte auf einer Neubewertung der technischen und sozialen Aspekte des Bauens. Viele Architekten erkannten, so stellte der letzte Bauhausdirektor Mies van der Rohe rückschauend fest, daß die technische Entwicklung immer stärker das Leben zu beeinflussen begann, daß die Technik zu einer zivilisatorischen Kraft geworden war und mithin auch in ihr die Voraussetzungen für eine neue, zeitgemäße Baukunst lagen.[3] Ganz in diesem Sinne forderte auch Gropius eine neue Werkgesinnung durch die »dauernde Berührung mit der fortschreitenden Technik und die entschlossene Bejahung der lebendigen Umwelt der Maschinen und Fahrzeuge«. Doch spielte die Technik nicht nur als architekturphilosophische Kategorie eine Rolle. Die Neuerer hatten ein sehr praktisches Verhältnis zur technischen Entwicklung des Bauens. Sie erprobten neue Materialien und Bauweisen und sahen es auch als Aufgabe des Architekten an, dem wissenschaftlich-technischen Fortschritt Eingang in die Bauproduktion zu verschaffen. In der systematischen Versuchsarbeit, der sich das Bauhaus verschrieben hatte, nahmen bautechnische Experimente einen wichtigen Platz ein. Sie kulminierten in den Untersuchungen zum industriellen Hausbau und den damit verbundenen planerischen Aspekten der Typisierung und Standardisierung. Die Projektierung von Wohnhäusern für die in Weimar vorgesehene Bauhaussiedlung regte Fred Forbat und Walter Gropius zur Idee des »Baukastens im Großen« an, dessen vereinheitlichte Elemente variable Haustypen ermöglichen sollten. Der Bau des Versuchshauses in Weimar bot Gelegenheit, in Zusammenarbeit mit der Industrie neue technische Möglichkeiten zu erproben. Noch weitergehende Experimente zur Rationalisierung des Bauens durch teilweise Präfabrikation und Fließfertigung auf der Baustelle unternahm Gropius bei der Ausführung der Siedlung Dessau-Törten 1926–1928. Und im Dessauer Stahlhaus verwirklichten Georg Muche und Richard Paulick 1926 den Gedanken des Montagebaus auf bemerkenswerte Weise.

Das Bekenntnis zur Technik und ihren Möglichkeiten war sozial motiviert. Es beruhte auf der Prämisse, daß der Mensch mit seinen Bedürfnissen Ausgangspunkt und Ziel aller gestalterischen Arbeit sein muß, daß die Architektur eine gesellschaftliche Funktion zu erfüllen hat. Deutlich hob das Hannes Meyer in dem 1929 geschriebenen Grundsatzartikel »bauhaus und gesellschaft« hervor: »bauen und gestalten sind uns eins, und sie sind ein gesellschaftliches geschehnis. Als eine ›hohe schule der gestaltung‹ ist das

113

2 Gropius, Walter: Neue Arbeiten der Bauhauswerkstätten. München: Albert Langen o. J. (1925), S. 5, vgl. Probst/Schädlich, wie Anm. 1, S. 93
3 Blaser, Werner: Mies van der Rohe. Die Kunst der Struktur. Zürich/Stuttgart 1965, S. 5f.

bauhaus dessau kein künstlerisches, wohl aber ein soziales phänomen. Als gestalter ist unsere arbeit gesellschaftsbedingt.«[4] In der theoretischen Fassung des gesellschaftlichen Aspektes gab es freilich bei den Bauhauskünstlern unterschiedliche Positionen. Erfüllte sich die soziale Nützlichkeit der Architektur für Mies van der Rohe im wesentlichen in der Ästhetisierung und damit gewiß auch Humanisierung der Technik und des Raumes, so sahen sie Gropius und Meyer in der räumlichen Organisation sozialer Kommunikation. »Bauen bedeutet Gestalten von Lebensvorgängen«, schrieb Gropius, und ähnlich stellte Meyer fest: »Bauen heißt die überlegte Organisation von Lebensvorgängen.«[5] Diese Entwurfsprämissen bestimmten die architektonische und soziale Qualität des Bauhauses in Dessau und der Gewerkschaftsschule in Bernau, wie sie überhaupt bewirkten, daß im architektonischen Schaffen am Bauhaus der Wohnbau einen vorderen Platz einnahm. Neben dem bürgerlich-mittelständischen Einfamilienhaus, das in den Dessauer Meisterhäusern gültige neuartige Lösungen fand, wurden Aufgaben des Massenwohnungsbaus aufgegriffen. Die Reihenhausbauten und Laubenganghäuser in Törten sind ein wichtiger — wenngleich einziger — Beitrag des Bauhauses zum sozialen Wohnungsbau. In ihnen kommt das schöpferische Ringen der Architekten um die für den Arbeiter erschwingliche qualitätsvolle Wohnung zum Ausdruck. Hannes Meyer bemühte sich, die Arbeit der Schule weg vom Luxusbedarf, hin zum Volksbedarf zu lenken: »fordert nicht heute in deutschland unsere gesellschaft tausende von volksschulen, volksgärten, volkshäusern? hunderttausende von volkswohnungen?? millionen von volksmöbeln???«[6] Meyer begriff den gesellschaftlichen Bezug der Architektur im Sinne der Befriedigung von sozialen Grundbedürfnissen für alle Menschen. In der Gesamtheit hat das Bauhaus allerdings seine Arbeit nicht mit dieser Konsequenz im Sozialen verankern können.
Der auf die gesellschaftliche Funktion des Bauens gerichtete Blick führte folgerichtig weiter zu einer schöpferischen Methode, die nicht die Antizipation des Erscheinungsbildes, sondern vorrangig den Zweck der Bauaufgabe zum Ausgangspunkt des Entwurfs nimmt. Die Gestalt eines jeden Gegenstandes sei, so heißt es ganz allgemein in den »Grundsätzen der Bauhausproduktion«, aus seinen natürlichen Funktionen heraus zu finden. Man bezeichnet deshalb gemeinhin diese Entwurfsmethode als funktionalistisch und faßt ihren künstlerischen Gehalt mitunter in die Formel »Form folgt Funktion«. Das ist indes eine grobe Vereinfachung, die dem wahren Charakter der funktionalistischen Methode nicht gerecht wird. Wesentlich ist nicht die Art und Weise der Formfindung, sondern das auf den sozialen Wirkungsgrad der gestalterischen Arbeit gerichtete wissenschaftlich-analytische Vorgehen. Gropius schrieb:
»Ein Ding ist bestimmt durch sein Wesen. Um es zu gestalten, daß es richtig funktioniert — ein Gefäß, ein Stuhl, ein Haus — muß sein Wesen zuerst erforscht werden; denn es soll seinem Zweck vollendet dienen, das heißt seine Funktionen praktisch erfüllen, haltbar, billig und ›schön‹ sein.«[7] Diese »Wesensforschung«, also wissenschaftliche Durchdringung der gestalterischen Aufgabe, ist das kennzeichnende Merkmal der architektonischen und formgestalterischen Arbeit am Bauhaus. In der schöpferischen und pädagogischen Tätigkeit Hannes Meyers erfuhr die wissenschaftlich gegründete, von der soziologischen Analyse der Bauaufgabe ausgehende Methode des architektonischen Entwerfens ihre besondere Ausprägung.
Ist die funktionalistische Methode auch mehr als ein bloßes Prinzip der Formfindung, so verbindet sich mit ihr doch ein bestimmtes Gestaltungskonzept. Es geht davon aus, die Gliederung des Baukörpers und die Gestaltung seiner Hülle aus der nach Zweckkriterien geordneten inneren Raumstruktur zu entwickeln und die baulich-konstruktive Struktur als wesentliche Grundlage der Formbildung zu nutzen. Die besprochenen Dessauer Bauhausbauten sind sämtlich Beispiele dafür, welch neue architektonischen Gestaltungsmittel und Ausdruckswerte auf diesem Wege zu gewinnen waren. Doch ist ihre Gestalt nicht allein funktionalistisch

4 In: bauhaus, 3 (1929) 1, S. 2, vgl. auch: Meyer, Hannes: Bauen und Gesellschaft. Dresden 1980, S. 50
5 Probst/Schädlich: Walter Gropius. Bd. 3: Berlin 1987, S. 114 — Meyer, Hannes: Bauen und Gesellschaft. Dresden 1980, S. 49
6 Wie Anm. 4
7 Wie Anm. 2

114

geprägt. Sie wird ebenso von eigenständigen künstlerischen Formvorstellungen genährt. Und diese beschrieb Gropius 1923 so: »Wir wollen den klaren organischen Bauleib schaffen, nackt und strahlend aus innerem Gesetz heraus, ohne Lügen und Verspieltheiten, der unsere Umwelt der Maschinen, Drähte und Schnellfahrzeuge bejaht, der seinen Sinn und Zweck aus sich selbst heraus durch die Spannung seiner Baumassen zueinander funktionell verdeutlicht und alles entbehrliche abstößt, das die absolute Gestalt des Baues verschleiert.«[8] Dieses technikbezogene ästhetische Credo hatte im praktischen Gestalten eine rationalistische, auf äußerster Sachlichkeit beruhende Formensprache zur Folge, die sich nicht im neuartigen äußeren Erscheinungsbild erschöpfte, sondern auch und vor allem zu einer neuen Qualität in der Gestaltung des architektonischen Raumes vorstieß. Gropius selbst machte später darauf aufmerksam, daß ihm die »geistige Leistung einer neuen räumlichen Vision im architektonischen Schaffensprozeß« viel wesentlicher war als die bloße »Befreiung der Baukunst vom Wust des Dekorativen« und das Streben nach funktionsbetonter Ökonomie im Gestalten.[9] Mit ihren scharfkantigen Kuben, schmucklosen Hüllen, glatten Flächen und ihrer manchmal geradezu asketischen Strenge war die neue Formensprache den überlieferten Architekturvorstellungen kompromißlos entgegengesetzt, so daß sie von vielen nur mit Zurückhaltung aufgenommen oder gar heftig abgelehnt wurde. An Hand der Dessauer Bauhausbauten konnte davon ein Begriff gegeben werden. Der Widerhall, den sie in der Öffentlichkeit fanden, macht aber auch deutlich, daß von der auf freier Komposition beruhenden räumlich-körperlichen Gliederung der Bauten, von den ästhetisierten Materialkontrasten und insgesamt sachlichen Formen eine große Faszination ausging und daß diese Formensprache als Angebot für eine neue zeitgemäße Architektur angenommen wurde.

Die Bauhausbauten gehören zur Architekturströmung des Neuen Bauens. Ihre geschichtliche Wertung kann nicht au-

ßerhalb der Wechselbeziehungen mit gleichgerichteten Bestrebungen, die parallel zu den Bemühungen der Bauhausarchitekten zu verzeichnen sind, erfolgen. Ein summarischer Überblick mag deren Spannweite andeuten. Bruno Taut schuf ab Mitte der zwanziger Jahre eine Reihe bedeutender Siedlungen in Berlin, so das »Hufeisen« in Britz 1925–1927, die Waldsiedlung Zehlendorf 1926–1931 und die Wohnbauten an der Erich-Weinert-Straße 1929–1930. Otto Haesler begann mit der Siedlung Georgsgarten in Celle 1924–1926 die neue Formensprache aufzunehmen. Es folgten ähnliche Siedlungen von ihm in Rathenow 1928–1929 und auf den Rothenberg in Kassel 1929–1931. In Frankfurt am Main nahm Ernst May 1925 seine erfolgreiche Tätigkeit als Stadtbaurat und Architekt zahlreicher neuer Siedlungen auf. Als Ausstellung des Deutschen Werkbundes entstand 1927 die Weißenhofsiedlung in Stuttgart, in der 16 führende Architekten des Neuen Bauens Häuser errichteten. Die 1929 fertiggestellte Dammerstock-Siedlung in Karlsruhe wurde mit der Ausstellung »Die Gebrauchswohnung« der Öffentlichkeit zugänglich gemacht. Ludwig Mies van der Rohe baute das Haus Wolf in Guben 1926, das Haus Lange in Krefeld 1928, den Barcelona-Pavillon 1929 und das Haus Tugendhat in Brno 1928–1930. Erich Mendelsohn erregte Aufmerksamkeit mit dem Einsteinturm in Potsdam 1917–1920 und den Kaufhäusern Schocken in den Städten Stuttgart 1926–1928 und Chemnitz 1928–1929.

Neben den nationalen sind beachtliche internationale Beiträge zu nennen. Von Gerrit Rietveld stammt das Haus Schröder in Utrecht 1924, Jacobus Johannes Pieter Oud entwarf Siedlungen in Hoek van Holland 1924–1927 und Rotterdam (De Kiefhoek) 1925–1927. Beide Architekten gehörten der Künstlergruppe De Stijl an, die namentlich durch ihren Gründer Theo van Doesburg nachhaltigen Einfluß auf die künstlerische Arbeit des Weimarer Bauhauses nahm. In Rotterdam führten 1928–1929 die Architekten Johannes Andreas Brinkmann und L. C. van der Vlugt das Gebäude der Tabakfabrik van Nelle aus. Von Le Corbusier seien aus dieser Zeit erwähnt die Siedlung Pessac

8 Idee und Aufbau des staatlichen Bauhauses Weimar. München, Weimar: Bauhausverlag 1923 und: Probst/Schädlich, wie Anm. 1, S. 90
9 Probst/Schädlich, wie Anm. 1, S. 153

1925, der Pavillon de l' Esprit Nouveau in Paris 1925, die Villen La Roche-Jeanneret in Paris 1923, Stein in Garches 1927 und Savoye in Poissy 1929–1931. In der Sowjetunion entstand eine kaum überschaubare Anzahl bedeutender Bauten der neuen Architektur, so das Handelsministerium in Moskau von B. Welikowski 1925, das Iswestija-Verlagsgebäude von G. B. Barchin 1928, der gewaltige Komplex für den Volkswirtschaftsrat in Charkow ab 1925, die zahlreichen Arbeiterklubs von K. S. Melnikow und den Brüdern Wesnin, die Wohnbauten von M. J. Ginsburg wie das Haus Narkomfina in Moskau 1928. Bedeutsame Ansätze der modernen Architektur gab es aber auch in der Schweiz (Hans Schmidt, Emil Roth) und in der Tschechoslowakei (Jiři Kroha, Karel Honzik, Jaromir Krejcar).

Den Bauhausarchitekten waren diese gleichgerichteten Bestrebungen bekannt, und sie nutzten auch viele persönliche Kontakte zum schöpferischen Gedankenaustausch. So bemühte sich etwa Gropius im Arbeitsrat für Kunst, in der 1925 gegründeten Architektenvereinigung »Der Ring« oder in der Expertengruppe der Reichsforschungsgesellschaft für Wirtschaftlichkeit im Bau- und Wohnungswesen immer auch mit Gleichgesinnten um die konzeptionelle und praktische Entwicklung der neuen Architektur, als deren Mittler sich das Bauhaus empfand. Die Weimarer Bauhausausstellung von 1923 präsentierte eine erste internationale Schau der modernen Architektur mit Werken von deutschen, holländischen, dänischen, französischen, tschechoslowakischen und amerikanischen Architekten. Als Nummer 1 der »Bauhausbücher« erschien 1925 ein von Gropius zusammengestellter internationaler Überblick über die neuen architektonischen Bestrebungen. In der gleichen Reihe stellte Oud 1926 die neue holländische Architektur vor. Auch die schuleigene Zeitschrift »bauhaus« öffnete ihre Spalten dem nationalen und internationalen Erfahrungsaustausch über die Probleme der avantgardistischen Architektur.

An der Bauabteilung, die 1927 unter Hannes Meyer zu arbeiten begann, wurde das Neue Bauen Grundlage und Ziel der Architektenausbildung.

Obgleich relativ gering an der Zahl und vielfältig mit ähnlichen Bestrebungen verbunden oder durch sie angeregt, sind die Bauhausbauten eine geschichtlich bedeutsame eigenständige Leistung in der modernen Bewegung. Am Bauhaus entstanden so herausragende Beispiele des Neuen Bauens wie das Dessauer Bauhausgebäude und die Gewerkschaftsschule Bernau, in denen Ziele und Möglichkeiten des neuen Architekturkonzeptes in seltener Verdichtung überzeugend zum Ausdruck kamen. Aber auch alle anderen Objekte trugen nicht unerheblich zur praktischen Erprobung neuer Architekturvorstellungen bei. Als Zeugnisse einer progressiven Architekturströmung gehören die Bauhausbauten zum bewahrenswerten architektonischen Erbe. Wir sollten sie aber nicht nur als Baudenkmale der Vergangenheit begreifen. In ihnen ist ein großes schöpferisches Erfahrungsgut enthalten, das – gelöst aus zeitbedingten Bindungen – durchaus auch für den gegenwärtigen Architekturentwurf und die Architekturpädagogik produktiv gemacht werden kann.

Ausgewählte Literatur

Bauhaus und Bauhausbauten

Gropius, Walter: Bauhausbauten Dessau. München 1930 (Bauhausbücher 12). Reprint in der Reihe Neue Bauhausbücher, Mainz u. Berlin 1974

Offset Buch- und Werbekunst 3 (1926) 7 (Bauhausheft, m. farb. Zeichnungen d. Bauten)

Arkin, A.: Architekturnye pozicii bauhauza. In: Architektura sovremennogo zapada. Moskva 1932, S. 99–105

Giedion, Sigfried: Walter Gropius. Mensch und Werk. Stuttgart 1954

Wingler, Hans-Maria: Das Bauhaus 1919–1933. Weimar, Dessau, Berlin und die Nachfolge in Chicago seit 1937. Bramsche 1962 (3. Aufl. 1975)

Hesse, Fritz: Erinnerungen an Dessau. Bd. 1: Von der Residenz zur Bauhausstadt. München 1963

Machlitt, Ulla: Das Bauhaus vor dem Hintergrund sozialökonomischer Strukturen und politischer Kräftegruppierungen in Dessau 1925–1930. In: Wiss. Z. Hochsch. Archit. Bauwes. Weimar 23 (1976) 5/6, S. 475–480

Hüter, Karl-Heinz: Das Bauhaus in Weimar. Studie zur gesellschaftspolitischen Geschichte einer deutschen Kunstschule. Berlin 1976

Paul, Wolfgang: Zu den städtebaulichen Leistungen der Bauhausarchitekten Ludwig Hilberseimer, Walter Gropius, Ludwig Mies van der Rohe, Mart Stam, Hannes Meyer. Weimar, Hochsch. Archit. u. Bauwes. Diss. A 1978

Schädlich, Christian: Die Architektur am Weimarer Bauhaus. In: Archit. d. DDR, Berlin 28 (1979) 6, S. 346–355

Hüter, Karl-Heinz: Vom Gesamtkunstwerk zur totalen Architektur. Synthesekonzeptionen bei Gropius und dem Bauhaus. In: Wiss. Z. Hochsch. Archit. Bauwes. Weimar 23 (1976) 5/6, S. 507–514

Meyer, Hannes: Bauen und Gesellschaft. Schriften, Briefe, Projekte. Dresden 1980 (Fundusbücher 64/65)

Kutschke, Christine: Bauhausbauten der Dessauer Zeit. Ein Beitrag zu ihrer Dokumentation und Wertung. Weimar. Hochsch. Archit. Bauwes., Diss. A, 1981

Schädlich, Christian: Bauhaus 1919–1933. Dessau 1983

Isaacs, Reginald: Walter Gropius. Der Mensch und sein Werk. Berlin Bd. 1: 1983; Bd. 2: 1984

Schädlich, Christian: Bauhaus Dessau — Hochschule für Gestaltung. In: Bildende Kunst, Berlin 34 (1986) 11, S. 482–486

Nerdinger, Winfried: Walter Gropius. Zeichnungen, Pläne, Fotos, Werkverzeichnis. Berlin 1985

Probst, Hartmut; Schädlich, Christian: Walter Gropius. Berlin. Bd. 1: Der Architekt und Theoretiker, Werkverzeichnis Tl. 1. 1985; Bd. 2: Der Architekt und Pädagoge, Werkverzeichnis Tl. 2. 1986; Bd. 3: Ausgewählte Schriften. 1987

Experiment Bauhaus. Das Bauhaus-Archiv, Berlin, zu Gast im Bauhaus Dessau. Ausstellungskatalog 1988

Winkler, Klaus-Jürgen: Der Architekt Hannes Meyer. Berlin 1989

Schädlich, Christian: Bauhaus Weimar 1919–1925. Weimar 1989 (Tradition und Gegenwart, Weimarer Schriften H. 35)

Bauhausgebäude

Einweihung des Bauhauses (Mit Ansprache von Walter Gropius). In: Volksblatt für Anhalt v. 6. 12. 1926 (abgedr. bei Wingler a. a. O., S. 135)

Das Bauhaus in Dessau. Zur Eröffnung am 4. Dezember 1926. In: Bauwelt 17 (1926) 48, S. 5–8

Osborn, Max: Das neue »Bauhaus« (Bauhausgebäude und Meisterhäuser) In: Vossische Zeitung, Berlin v. 4. 12. 1926 (abgedruckt bei Wingler a. a. O., S. 134)

Westheim, Paul: Berliner Börsen Zeitung v. 15. 12. 1926. Nachgedruckt im Central-Anzeiger, Dessau v. 21. 12. 1926

Blunck, Erich: Das Bauhaus in Dessau. In: Deutsche Bauzeitung 61 (1927) 17, S. 153–160

Behne, Adolf: Das Bauhaus Dessau. In: Fachblatt für Holzarbeiter 1927, S. 33–34
Das Neue Bauhaus. In: Frankfurter Zeitung v. 31.10.1927
Nonn, Konrad: Zusammenfassendes über das Weimarer und Dessauer »Bauhaus«. In: Zentralblatt d. Bauverwaltung 47 (1927) 10, S. 105: Bauhausgebäude
Lisicky, El: Bauhaus v Dessau. In: Stroitel'naâ promišlennost' (1927) 1, S. 53–54
Aranovič, D.: Architekturnye nastroenia i tendencii v Germanii. In: Stroitel'naâ promišlennost' (1928) 8, S. 547–554
Bauhaus Dessau. Rekonstruktion. Tl. 1 u. 2. Rat der Stadt Dessau/Hochsch. f. Archit. u. Bauwes. Weimar 1964 (Zeichnerische Bestandsaufnahme)
Behr, Adalbert: Das Bauhaus Dessau. Leipzig 1970 (Baudenkmale 29)
Kutschke, Christine u. Siebenbrodt, Michael: Farbe in der Festebene. In: Form u. Zweck, Berlin 8 (1976) 6, S. 19–21
Berger, Hans: Bauhausbauten als Gegenstand der Denkmalpflege. In: Archit. d. DDR, Berlin 25 (1976) 12, S. 722–725
Behr, Adalbert: Das Bauhausgebäude in seiner Bedeutung für die Entwicklung der neueren Architektur. In: Wiss. Z. Hochsch. Archit. Bauwes. Weimar 23 (1976) 5/6, S. 463–468
Paul, Wolfgang: Rekonstruktion Bauhaus Dessau 1976. In: Dessauer Kalender, Dessau 22 (1978) S. 46–62
Paul, Wolfgang: Das Prellerhaus. In: Dessauer Kalender, Dessau 23 (1979) S. 64–66
Burns, J. A. u. D. S.: The Bauhaus as you've never seen it. In: AIA journal, Washington D. C. 70 (1981) 8, S. 54–59
Hoffmann, Hubert: Die Wiederbelebung des Bauhauses nach 1945. In: Eckhard Neumann: Bauhaus und Bauhäusler. Köln 1985, S. 369–375

Häuser für die Bauhausmeister

Ein Gang der Hausfrauen zu den Meisterhäusern. In: Anhalter Anzeiger v. 17.10.1926
Das Haus Gropius in Dessau. In: Stein, Holz, Eisen 41 (1927) 1, Beilage Werkstoff und Bauform, S. 5–7
Klopfer, Paul: Das Haus Gropius. In: Die Bauzeitung 24 (1927), S. 89–92
Hegemann, Werner: Ein Gang durch die Meisterhäuser. In: Dessauer Zeitung v. 15. Jan. 1926

Rasmussen, Steen Eiler: Neuzeitliche Baukunst. In: Wasmuths Monatshefte für Baukunst 12 (1928) 12, S. 538
Wilk, Christopher: Marcel Breuer: Furniture and Interiors. New York 1981, S. 45–52

Siedlung Dessau-Törten

Peus, Heinrich: Unser Dessauer Heimstättenbau. In: Volksblatt für Anhalt v. 7.12.1926
Gropius, Walter: Das Bauhaus in Dessau. Eine Entgegnung. In: Die Wohnung, Berlin 1 (1926/27) 11, S. 312–315 (Ausführlich über Anlage, Bau und Kosten der Siedlung Törten)
Gropius, Walter: Die Siedlung Törten bei Dessau. In: Stein, Holz, Eisen 41 (1927) 9, S. 176–179
Gropius, Walter: Der Architekt als Organisator der modernen Bauwirtschaft und seine Forderungen an die Industrie. In: Block, Fritz: Probleme des Bauens, Bd. 1: Wohnbau. Potsdam 1928, S. 202–214. Abgedr. In: Probst/Schädlich: Walter Gropius. Bd. 3: Ausgewählte Schriften, Berlin 1987, S. 118–122
Klopfer, Paul: Die Siedlung Törten bei Dessau. In: Die Bauzeitung (1927)
Baburow, V.: Poselok »Törten« v Dessau. In: Stroitelst'vo Moskvy 1928, Nr. 5, S. 10–12
Krch, Vojtéch: Kolonie Törten u Desavy. In: Architekt SIA, Prag (1928) 27, S. 66–69
Die neuen Reichsforschungsgelder für Dessau. In: Deutsche Bauhütte 32 (1928) 1, S. 20
Die Bauhaussiedlungen. In: Anhalter Anzeiger v. 5. 2. 1928
Törtener Siedlungs- und Heimstättenprogramm. In: Volksblatt für Anhalt v. 7. 2. 1928
Ernst: Gegen den Gropius-Häuserbau. In: Deutsche Bauhütte 32 (1928) 14, S. 368
Nonn, Konrad: Die Reichstagseingabe über die Reichsforschungsgesellschaft für Wohnungsbau (RFG) und Prof. Gropius. In: Deutsche Bauzeitung 62 (1928) 37, S. 325–327
Bericht über die Versuchssiedlung in Dessau. Sonderheft Nr. 7 der Reichsforschungsgesellschaft für Wirtschaftlichkeit im Bau- und Wohnungswesen. April 1929
Nonn, Konrad: Zur Propaganda neuer

Versuchsbauten. In: Deutsche Bauhütte 33 (1929) 12, S. 193—196

Sprengel, Dorothea u. Sprengel, Günter: Schüler erkunden Bauhauswohnungen in Dessau. In: Kunsterziehung 36 (1989) 6, S. 111—113

Stahlhaus

Muche, Georg: Stahlhausbau. In: Bauhaus, Dessau 2 (1927) 1, S. 3—4

Stahlhäuser. Neumann: Ist das englische Stahlhaus für uns brauchbar?; Muche, Georg: Stahlhausbau in England und Deutschland. In: Stein, Holz, Eisen 41 (1927) 34, S. 763—769

Pasternak, A.: Stal'nye doma Germanii. In: Sovremennaâ architektura, Moskva 2 (1927) 6, S. 170—178

Schmidt, Friedrich: Stahlbauten in Deutschland. In: Die Bauwelt 18 (1927) 9, S. 20

Spiegel, Hans: Der Stahlhausbau. Bd. 1: Wohnbauten aus Stahl. Leipzig 1928

Das Stahlhaus. In: Volksblatt für Anhalt v. 15. 1. 1929

Paulick, Richard: Das Stahlhaus in Dessau. In: Form u. Zweck, Berlin 8 (1976) 6, S. 28—30

Georg Muche. Das künstlerische Werk 1912—1927. Kritisches Verzeichnis der Gemälde, Zeichnungen, Fotos und architektonischen Arbeiten. Bearb. v. Magdalena Droste unter Mitw. von Christian Wolfsdorff und Bauxi Mang. Berlin 1980, S. 28—30 u. 146—149

Wohnhaus Fieger

Fieger, Carl: Die vereinfachte Haushaltung durch gute Organisation. In: Die Bauwelt 17 (1926) 40, S. 972

Fieger, Carl: Serienbau von Werks-Wohnungen. In: Die Bauwelt 18 (1927) 12, S. 321—322

Ehlert, Ingrid: Carl Fieger — ein Vorkämpfer der Baukunst unserer Zeit. In: Dessauer Kulturspiegel, Dessau 8 (1961) 6, S. 174—175 u. 179—183

Fieger, Carl: Die wandlungsfähige Kleinstwohnung. In: Dessauer Kalender, Dessau 9 (1965)

Laubenganghäuser

Meyer, Hannes: Architekt und Wohnungsbau. In: Baugilde, Berlin 10 (1928) 21, S. 1603—1604

Neue Wohnungen der Dessauer Spar- und Baugenossenschaft. In: Anhalter Anzeiger v. 15. 4. 1930

Die Laubenganghäuser bezugsfertig. In: Volksblatt f. Anhalt v. 25. 7. 1930

Hoffmann, Hubert: Mietshaus oder Siedlungshaus? In: Bauhaus, Dessau 4 (1929) 4, S. 23—24

Arbeitsamt

Wagner, Martin: Das Haus der Arbeit. In: Reichsarbeitsblatt 6 (1925) 26, S. 430—435

Das neuzeitliche Arbeitsnachweis-Gebäude. Vorschriften, Rechtsfragen, bauliche Gestaltung. Stuttgart 1926 (Bücherei des öffentlichen Arbeitsnachweises, Serie II, H. 7/9)

Gemeinderat: Das städtische Arbeitsamt. In: Anhalter Anzeiger v. 19. 1. 1928

Ein Tag im neuen Arbeitsamt Dessau. In: Anhalter Anzeiger v. 23. 6. 1929

Gropius, Walter: Arbeitsamt in Dessau. In: Bauwelt 20 (1929) 28, S. 1—2

Gaststätte Kornhaus

Kornhauswettbewerb. In: Anhalter Anzeiger v. 1. 6. 1929

Einweihung des neuen Kornhauses. In: Anhalter Anzeiger v. 7. 6. 1930; ebda. Beilage »Die Heimat« v. 14. 6. 1930

Elberestaurant »Kornhaus« bei Dessau. In: Stein, Holz, Eisen 45 (1931) 9, S. 161—163

Behrendt, Ute: Zur Baugeschichte der Gaststätte »Kornhaus«. In: Zwischen Wörlitz und Mosigkau. Schriftenreihe zur Geschichte der Stadt Dessau und Umgebung, H. 6, 1972, S. 27—32

Erfurth, Helmut: Das Kornhaus — ein Bauwerk der sachlichen Moderne. In: Dessauer Kalender 1990, S. 72—75

Abbildungsnachweis

A. Stirl, Berlin: 28, 35
Bauhaus-Archiv Museum für Gestaltung
Berlin: 15, 12; 21, 19 u. 20; 36, 9; 39, 20;
53, 7–9; 57, 14 u. 15; 67, 4; 70, 1; 100, 6;
101, 7
Bauhaus Dessau: 25, 27
Christian Schädlich, Weimar: 101, 9 u.
10
Christine Engelmann, Jena: 76, 17
Deutsche Fotothek Dresden: 35, 8; 38, 11
Ernst Steinkopf, Dessau: 24, 25
Götz Wilaschek, Berlin: 23, 24; 93, 9; 94,
10; 95, 12; 101, 8
Heyden, Berlin: 68, 6
Klaus-Dieter Jänicke, Dessau: 29, 36
Klaus G. Beyer, Weimar: 79, 17 u. 18
Louis·Held, Weimar: 6, 1
Nachlaß Carl Fieger, Dessau: 12, 5; 13, 6
u. 7; 21, 21; 33, 2; 47, 11; 83, 4; 84, 5 u. 6;
85, 7; 106, 3; 107, 4; 108, 5; 109, 6 u. 7
Peter Kühn, Dessau: 41, 1; 42, 2 u. 3; 43,
4; 45, 8; 48, 12–14; 62, 22; 95, 11; 110, 8 u.
9
Rössing-Winkler, Leipzig: 25, 28 u. 29; 27,
30–32; 28, 33; 38, 19; 43, 5; 46, 9; 68, 5; 74,
10; 86, 10; 103, 11
Stadtarchiv Dessau: 14, 9–11; 19, 15; 34,
6 u. 7; 38, 16; 78, 16; 99, 4 u. 5; Vorsatz
vorn u. hinten

Alle übrigen Bilder:
Bildarchiv Bauhaus
Bauhausbildarchiv an der Hochschule für
Architektur und Bauwesen Weimar